超入門
イタリア語

―― 20課で学ぶイタリア語文法

菅田茂昭 著

東京 **大学書林** 発行

まえがき

　本書はこれからイタリア語を始められる方，あるいはこれまでに学んだことがあるがもう一度イタリア語をやり直したい方のために書かれた入門書です．

　入門書とはいえ単に実用的な文法規則を並べるのではなく，学ぶからには理論的な基礎のうえに立つ文法（ことに不規則動詞，接語代名詞，前置詞，受動構文，語形成，語順など）をという主旨で編まれています．

　各課は基本表現と文法解説からなり，簡単な練習問題が添えられています．基本表現欄はイタリア語の代表的な文例に接することができるように，文法解説欄はイタリア語がよく観察すると一定の規則に沿って使われていることが分るように工夫したつもりです（やや専門的な項目は興味ある方のために＊印を付けて小さな活字で示しました）．ひと通りの文法を取り入れた全20課を無事に終えられると，イタリア語が身近に感じられることでしょう．

　基本表現の文例は，言語学者として知られるローマ〈ラ・サピエンツァ〉大学 Tullio De Mauro 教授（元文部大臣）に目を通していただき，助言もいただきました．その他のイタリア語の用例の校正にはつねに著者の質問にこころよく答えてくださる衣川ルチアーナさんのご援助をいただきました．引用させていただいた巻末の参考文献（知り合いの著者も含む）にも改めて感謝いたします．

　さいごに出版にあたり大変お世話になりました大学書林社長佐藤政人さんにお礼を申し上げます．

　この参考書がイタリア語でイタリアを理解する道を開いてくれることを願っています．

　　2006年6月2日

　　　　　　　　　　　　　　　　　　　　　　　　　　　著　者

目　　次

まえがき ……………………………………………………………… i
文字と発音 ………………………………………………………… 1
　　§1　アルファベート　　§2　母音　　§3　2重母音
　　§4　子音　　§5　2重子音　　§6　子音連結
　　§7　単語のアクセント　　§8　音節
　　§9　イタリア語のリズム　　§10　イントネーション
　　―イタリア語は―

第1課　冠詞＋名詞，名詞の語尾変化 ………………………… 16
　　§1　名詞の性　　§2　名詞の数
　　§3　冠詞：不定冠詞と定冠詞　　§4　Questo è …

第2課　主語人称代名詞，動詞 essere と avere,
　　　　品質形容詞，疑問文と否定文 ……………………………22
　　§1　主語人称代名詞　　§2　動詞 essere と avere の現在形
　　§3　品質形容詞　　§4　品質形容詞の位置
　　§5　疑問文と否定文

第3課　動詞の語尾変化，規則動詞の直説法現在,
　　　　名詞句と動詞句 ………………………………………… 28
　　§1　動詞　　§2　第1・2・3活用規則動詞の直説法現在
　　§3　名詞句(冠詞＋名詞＋形容詞)と動詞句(動詞＋名詞・形容詞)

第4課　前置詞，冠詞付き前置詞，部分冠詞 ………………… 32
　　§1　前置詞　　§2　冠詞付き前置詞
　　§3　前置詞の用法　　§4　部分冠詞
　　―あいさつ―

第5課　所有形容詞(代名詞)，指示形容詞(代名詞)，Ecco … ……40

§1 所有形容詞　　§2 所有形容詞の用法
§3 所有形容詞の他の用法　　§4 所有代名詞
§5 指示形容詞　　§6 指示代名詞
§7 名詞・形容詞の複数形—注意すべき調整
§8 Ecco …

第6課　不規則動詞，助動詞　…………………………48
§1 不規則動詞　　§2 動詞の現在形—注意すべき調整
§3 様態動詞＋不定詞　　§4 sapere と potere「～できる」
§5 sapere と conoscere「知っている」

第7課　時刻・曜日などの表現，気象の表現　…………56
§1 時刻の表現　　§2 曜日と日付け
§3 12ヵ月と季節　　§4 数詞—基数 (1-20)
§5 気象の表現　　§6 不規則な名詞
§7 不規則な形容詞

第8課　接語代名詞，時の表現　…………………………62
§1 接語代名詞と強勢代名詞　　§2 接語代名詞の用法
§3 piacere「～に気に入る」　　§4 強勢代名詞の用法
§5 接語代名詞の組み合せ［間接目的＋直接目的］
§6 lo の特殊な用法　　§7 時の表現

第9課　直説法近過去，過去分詞，再帰代名詞と再帰動詞　…………70
§1 直説法近過去　　§2 過去分詞
§3 過去分詞の用法　　§4 再帰代名詞と再帰動詞
§5 再帰動詞の特殊な場合
§6 si の非人称的用法　　§7 語末母音の省略

第10課　直説法半過去，場所の表現　…………………78
§1 直説法半過去　　§2 直説法半過去の用法
§3 数詞—基数(21以上)　　§4 数詞—序数

§5　数詞の用法　　§6　場所の表現

第11課　接語 ci(＝vi)，ne，方法などの表現 ·················86
　　§1　接語 ci (= vi)　　§2　接語 ne
　　§3　接語の位置についての注意
　　§4　方法，手段，材料などの表現
　　§5　語末母音・音節の切捨て

第12課　進行形，ジェルンディオ，命令形 ··················92
　　§1　進行形：stare＋ジェルンディオ
　　§2　ジェルンディオ　　§3　ジェルンディオの用法
　　§4　命令形　　§5　不規則な命令形
　　§6　丁寧な命令

第13課　比較構文，間投詞，感嘆文 ·······················98
　　§1　形容詞の比較級　　§2　形容詞の最上級
　　§3　絶対最上級
　　§4　ラテン語起源の比較級と最上級
　　§5　副詞の比較級・最上級　　§6　間投詞
　　§7　感嘆文
　　―家族―

第14課　関係代名詞，使役・知覚構文，副詞 ················106
　　§1　関係代名詞
　　§2　関係代名詞としての定冠詞＋quale
　　§3　chi「～する人」
　　§4　quanto［関係代名詞］，［関係形容詞］，
　　　　quale［関係形容詞］，dove［関係副詞］
　　§5　使役動詞＋不定詞　　§6　知覚動詞＋不定詞
　　§7　副詞(形容詞に -mente を加えたものを含む)
　　§8　副詞の位置
　　―固有名詞とその派生形容詞(名詞)―

第15課　直説法未来，前未来，動詞＋前置詞＋不定詞　……………116
　§1　直説法未来　　§2　直説法未来の用法
　§3　直説法前未来　　§4　動詞＋前置詞＋不定詞
　§5　形容詞（＋前置詞）＋不定詞
　―主な色彩名―

第16課　条件法現在，条件法過去　………………………………124
　§1　条件法　　§2　条件法現在
　§3　条件法現在の用法　　§4　条件法過去
　―略語―

第17課　直説法遠過去，大過去，前過去，接続詞　……………130
　§1　直説法遠過去　　§2　直説法遠過去の用法
　§3　遠過去と半過去と近過去　　§4　直説法大過去
　§5　直説法前過去　　§6　接続詞

第18課　受動構文，語形成　………………………………………138
　§1　受動構文　　§2　受動構文への注意点
　§3　その他の受動構文　　§4　受動構文の使用状況
　§5　語形成

第19課　接続法現在，接続法過去　………………………………148
　§1　接続法　　§2　接続法現在
　§3　接続法現在の有効な用法（従属節にて）
　§4　接続法現在の有効な用法（主節にて）
　§5　接続法現在の形式的用法（従属節にて）
　§6　接続法過去
　― parlare「話す」と dire「言う」―

第20課　接続法半過去，接続法大過去，時称の一致，
　　　　直接・間接話法　………………………………………158
　§1　接続法半過去

v

§2　接続法半過去の用法(従属節にて)
§3　接続法半過去の用法(主節にて)　　§4　接続法大過去
§5　時称の一致　　§6　直接話法と間接話法
§7　動詞の語尾変化のまとめ
―イタリアの州―

練習問題解答 …………………………………………………167
文法事項索引 …………………………………………………172
主要参考文献 …………………………………………………177

写真　著者撮影

☆本書には，CD が添付されています。ご活用ください。

文字と発音

§1　アルファベート

イタリア語には基本的に 21 の文字があります．

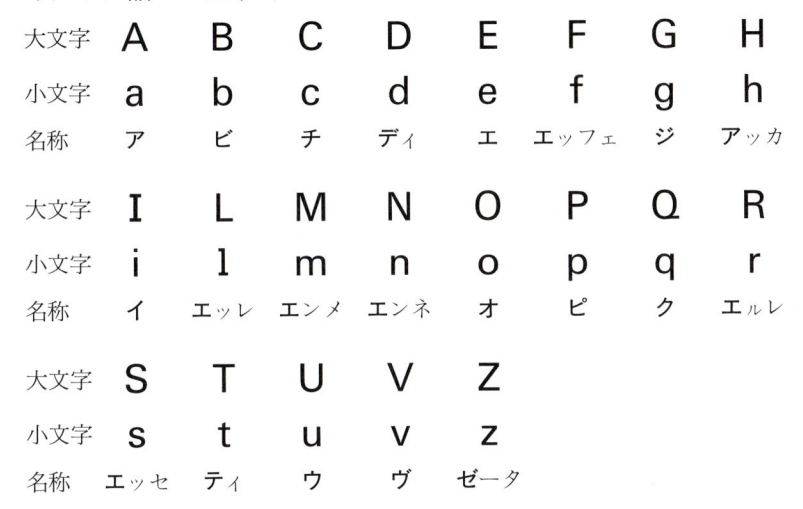

大文字	A	B	C	D	E	F	G	H
小文字	a	b	c	d	e	f	g	h
名称	ア	ビ	チ	ディ	エ	エッフェ	ジ	アッカ

大文字	I	L	M	N	O	P	Q	R
小文字	i	l	m	n	o	p	q	r
名称	イ	エッレ	エンメ	エンネ	オ	ピ	ク	エッレ

大文字	S	T	U	V	Z
小文字	s	t	u	v	z
名称	エッセ	ティ	ウ	ヴ	ゼータ

このほか外来語などの表記に次の 5 文字も加わります．

J	K	W	X	Y
j	k	w	x	y
イッルンゴ	カッパ	ドッピオヴ	イクス	イッグレーコ（イプスィロン）

＊H は無音です．

§2　母音

> a　e　i　o　u

イタリア語には 5 つの母音があり，日本語のア，エ，イ，オ，ウに相当します．ただし **u** は日本語のウとは異なり，唇を十分に丸めて発音し

なければなりません．

a： 　（強勢）pane パン，mano 手；marmo 大理石
　　　　　　　　パーネ　　　　マーノ　　　　マルモ

　　　（無強勢）aragosta イセエビ，caramella キャラメル，
　　　　　　　　アラゴスタ　　　　　　カラメッラ

　　　　　　　bambina 女の子供
　　　　　　　バンビーナ

e[e]：
　　　（強勢）sera 夕方，spesa 買物；Verdi ヴェルディ
[ɛ]：　　　　セーラ　　　スペーザ　　　ヴェルディ

　　　　　　 bene よく，prego どうぞ；vento 風
　　　　　　 ベーネ　　　　プレーゴ　　　　ヴェント

　　　（無強勢）peperone ピーマン，felice 幸福な，
　　　　　　　　ペペローネ　　　　　　フェリーチェ

　　　　　　　segreteria 事務所，ventoso 風のある
　　　　　　　セグレテリーア　　　　ヴェントーゾ

o[o]：
　　　（強勢）sole 太陽，amore 愛；forse 多分
[ɔ]：　　　　ソーレ　　　アモーレ　　　フォルセ

　　　　　　 moda モード，cosa もの；forte 強い(く)
　　　　　　 モーダ　　　　コーザ　　　　フォルテ

　　　（無強勢）piccolo 小さな，lontano 遠い，economia 経済
　　　　　　　　ピッコロ　　　　　ロンターノ　　　　エコノミーア

i： 　（強勢）vino ワイン，marito 夫；lingua 言語
　　　　　　　ヴィーノ　　　　マリート　　　　リングア

　　　（無強勢）minestrone ミネストローネ，opinione 意見，
　　　　　　　　ミネストローネ　　　　　　　　オピニオーネ

　　　　　　　originale 独創的な
　　　　　　　オリジナーレ

u： 　（強勢）luna 月，musica 音楽；busta 封筒
　　　　　　　ルーナ　　　ムーズィカ　　　ブスタ

　　　（無強勢）modulo 書式，studente 学生，turista 観光客
　　　　　　　　モードゥロ　　　ストゥデンテ　　　　トゥリスタ

＊標準イタリア語ではアクセントのある（強勢の）e と o にそれぞれ狭母音と広母音（[e] と [ɛ]，[o] と [ɔ]）とが区別され，辞典でも指示してあるのが普通です．まれにですが pesca[peska]「漁」と pesca[pɛska]「桃」，colto[kolto]「教養のある」と colto[kɔlto]「摘まれた」のような興味ある対が見られます．語末に限って狭母音には記号（´），広母音には記号（`）を付けています．しかしながらこの区別はイタリアの他の多くの地域にわたって同じく通用するものではありません．しかもアクセントのない（無強勢の）e と o には，標準語でもこ

2

の区別は存在しませんので外国語としてイタリア語を学ぶ場合は見過ごしてもかまわないでしょう．なお e はイタリア語で一番頻度の高い音です．

注意　母音はアクセント（日本語の高低アクセントに対して，イタリア語は強弱アクセント）がある・なしに拘らず，はっきりと発音します．ただし**アクセントのある母音**は開音節（母音で終わる音節）では閉音節（子音で終わる音節）よりも長めになります．

　　capo 頭：**campo** 野原
　　　カーポ　　　カンポ
　　vita 人生：**vista** 景色　　**casa** 家：**cassa** レジ
　　　ヴィータ　　ヴィスタ　　　　　カーサ　　　カッサ

なお語末ではアクセントのある母音でも長くはなりません．

　　caffè コーヒー　　**città** 都市
　　　カッフェ　　　　　チッタ

イタリア語の **5** つの母音は，発せられるときの舌の位置と口の開きにより互いに区別されます．次のような三角図にまとめることができます．

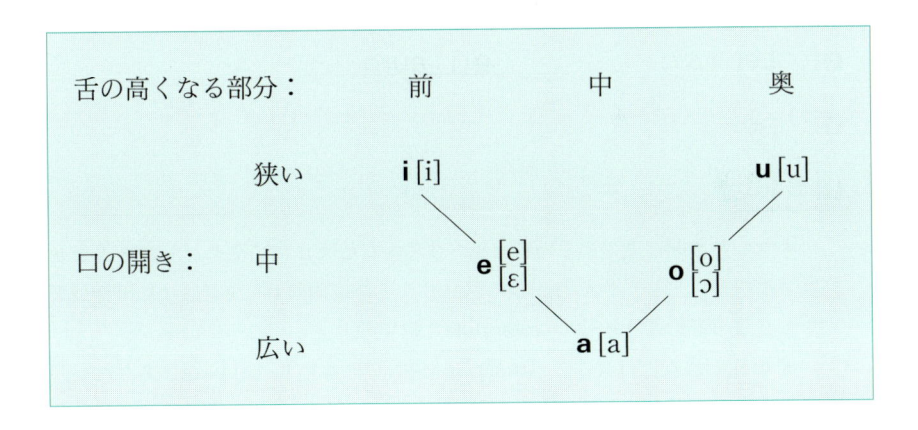

舌の高くなる部分：	前	中	奥
狭い	i [i]		u [u]
口の開き：　中	e [e]/[ɛ]		o [o]/[ɔ]
広い		a [a]	

§3　2重母音

アクセントのない i と u（口の開きが狭い）は，a, e, o（口の開きがより広い）と，あるいは i と u どうしで結合し，すばやく一気に発せられると 2 重母音を生じます．口の開きが広い方の母音（i と u どうしの場合はアクセントのある方）が一気に発せられる音節の核（中心）となります．

アクセントのないiとuが核となる母音に先立つときは上昇型の2重母音をなし、iとuの母音としての性格が弱まり、それぞれ半子音（または半母音）と呼ばれる［j］、［w］になります。逆にアクセントのないiとuが核となる母音のあとに来るときは下降型の2重母音となり、iとuの母音としての性格が保たれます。

上昇型

ia	: chiamo 私は呼ぶ (キアーモ)	ua	: quando いつ (クゥアンド)
ie	: pietra 石 (ピェートラ)	ue	: questo これ (クゥエスト)
io	: piove 雨が降る (ピオーヴェ)	uo	: cuoco 料理人 (クゥオーコ)
iu	: fiume 河 (フィウーメ)	ui	: guida 案内 (グゥイーダ)

下降型

ai	: mai 決して〜ない (マイ)	au	: pausa 休止 (パウザ)
ei	: Lei あなた (レイ)	eu	: euro ユーロ (エウロ)
oi	: poi さらに (ポイ)		
ui	: lui 彼 (ルイ)		

＊念のため開口度のある母音と結合するiまたはuにアクセントがあるときは2重母音は生じません（paura「恐れ」パ・ウーラ）。また接頭辞bi-などは次に母音が来ても2重母音を作りません（biennale「隔年の」ビ・エンナーレ）。

＊mai, leiなどは文中ではmai più「決して〜ない」マイ ピゥ, Lei pure「あなたも」レイ プーレのように2重母音ですが、文末では［マーイ］、［レーイ］のように2音節に分かれることがありますので注意。

§4 子音

母音は肺からの空気の流れを遮ることなしに発せられる音ですが、子音はその空気の流れを遮ったり狭めたりして発せられる音とおおまかに言えます。

ここでは**子音**（consonante）は，「共鳴する」というその名称のように母音（音節の主音となる）と結合してはじめて，co(コ)，so(ソ)のように発せられることに注目しておきます．

　子音を表わす文字とその発音（音声記号を併記）は以下のようになります．1つの文字が1つの発音を表わす場合はよいのですが，文字によっては1つの文字が2通りに発音されたり，あるいは2通りの文字（2つないし3つの文字の組み合わせを含む）で1つの発音を表わすこともありますので注意が必要です．

p[p]　：**pa** － **pe** － **pi** － **po** － **pu**
　　　　　　パ　　ペ　　ピ　　ポ　　プ
　　　　　pane パン，**pipa** パイプ
　　　　　　パーネ　　　　ピーパ

b[b]　：**ba** － **be** － **bi** － **bo** － **bu**
　　　　　　バ　　ベ　　ビ　　ボ　　ブ
　　　　　bambino 子供，**babbo** 父さん
　　　　　　バンビーノ　　　　バッボ

---

t[t]　：**ta** － **te** － **ti** － **to** － **tu**
　　　　　　タ　　テ　　ティ　ト　　トゥ
　　　　　tavola テーブル，**tetto** 屋根
　　　　　　ターヴォラ　　　　テット

d[d]　：**da** － **de** － **di** － **do** － **du**
　　　　　　ダ　　デ　　ディ　ド　　ドゥ
　　　　　Dante ダンテ，**studente** 学生
　　　　　　ダンテ　　　　　ストゥデンテ

---

c
ch[k]　：**ca** － **co** － **cu**(**qu**) － **che** － **chi**
　　　　　　カ　　コ　　ク　　　　　ケ　　キ
　　　　　camera 部屋，**chimico** 化学者，**cuoco** 料理人，**questo** これ
　　　　　　カーメラ　　　　キーミコ　　　　　クゥオーコ　　　　クゥエスト

c
ci[tʃ]　：**ce** － **ci** － **cia** － **cio** － **ciu**
　　　　　　チェ　チ　　チャ　チョ　チュ
　　　　　cena 夕食，**cinema** 映画，**ciociara** チョーチャ（南ラチオ）の女
　　　　　　チェーナ　　　　チーネマ　　　　　チョチャーラ

　＊c は a, o, u の前ではカ行の [k] ですが，e と i の前ではチャ行の [tʃ] となります．そのため e と i の前で [k] を表わすには h の助けを借りて ch が用いられます．ところで母音 a, o, u の前では ci が [tʃ] を表わします．

5

＊qは半子音のu＋母音の前でのみ用いられることに注意．ただしcも cuore「心」，cuoio「皮」の場合には同様に用いられます．なお２重子音としては -qq- ではなく acqua「水」のように -cq- が用いられます．

g
gh [g] ： **ga — go — gu — ghe — ghi**
　　　　　　ガ　　ゴ　　グ　　ゲ　　ギ

　　　　gara レース，gola のど，ghiaccio 氷
　　　　ガーラ　　　　ゴーラ　　　　ギアッチョ

g
gi [dʒ] ： **ge — gi — gia — gio — giu**
　　　　　　ジェ　ジ　ジャ　ジョ　ジュ

　　　　mangiare 食べる，gelato アイスクリーム，gita 小旅行
　　　　マンジャーレ　　　　ジェラート　　　　　　　　ジータ

＊gはcの有声音です．カ行の[k]をガ行の[g]に置き換えれば，cの欄の説明がそのまま通用します．

---

f [f] ： **fa — fe — fi — fo — fu**
　　　　　 ファ　フェ　フィ　フォ　フ

　　　　fama 名声，fontana 噴水，fumo 煙
　　　　ファーマ　　　フォンターナ　　　フーモ

v [v] ： **va — ve — vi — vo — vu**
　　　　　 ヴァ　ヴェ　ヴィ　ヴォ　ヴ

　　　　vaso 壺，voce 声，vulcano 火山
　　　　ヴァーゾ　　ヴォーチェ　　ヴュルカーノ

---

s [s] ： **sa — se — si — so — su**
　　　　　 サ　　セ　　スィ　ソ　　ス

　　　　sapore 味，sugo ソース，spada 剣
　　　　サポーレ　　　スーゴ　　　　スパーダ

[z] ： **museo** 博物館，**musica** 音楽，**sbarco** 下船
　　　ムゼーオ　　　　　ムーズィカ　　　　ズバルコ

[s〜z] ： **casa** 家，**cosa** もの，**Pisa** ピサ
　　　　 カーサ（ザ）　コーサ（ザ）　ピーサ（ザ）

＊sは基本的にはサ行の無声(清)音ですが，有声子音の前では有声(濁)音となります．

＊標準語では母音間の -s- は無声と有声とが単語ごとに決まっています（辞典ではたとえば有声のsをşのように示したりしています）．musica「音楽」のように絶えず有声のものも存在します．

ところが母音間の -s- は，北イタリアでは有声，南イタリアでは無声です．その交わる地域となるトスカーナ（標準イタリア語の基盤となった）では両者の

発音がみられます．ただし外国人として不安な場合はこんにち母音間の -s- には有声が勧められています．

m[m] ：ma — me — mi — mo — mu
　　　　　マ　　メ　　ミ　　モ　　ム

　　　mamma 母さん, **momento** 瞬間, **musica** 音楽
　　　　マンマ　　　　　　モメント　　　　　　ムーズィカ

n[n] ：na — ne — ni — no — nu
　　　　　ナ　　ネ　　ニ　　ノ　　ヌ

　　　nanna ねんね, **nonno** 祖父, **nudo** 裸の
　　　　ナンナ　　　　　　ノンノ　　　　　　ヌード

＊文字 n で表わされていても実際の発音は，両唇音や唇歯音の前では [m]，また軟口蓋音の前では [ŋ] と自動的になります．

　　　anfora アンフォラ(壺), **anche** 〜もまた
　　　　アンフォラ　　　　　　　　アンケ

l[l] ：la — le — li — lo — lu　　　＊l は舌の先を上の歯茎に
　　　　　ラ　　レ　　リ　　ロ　　ル　　くっつけ，その両側から息を
　　　　　　　　　　　　　　　　　　　　出して発します．r の方は舌
　　　lago 湖, **libro** 本, **luce** 光　　の先を上の歯茎に向かって数
　　　　ラーゴ　　　リーブロ　　ルーチェ　　　回震わせて発します．

r[r] ：ra — re — ri — ro — ru
　　　　　ラ　　レ　　リ　　ロ　　ル

　　　ramo 枝, **rosa** バラ, **russo** ロシアの
　　　　ラーモ　　　　ローザ　　　　ルッソ

sc　[ʃ] ：sce — sci — scia — scio — sciu
sci　　　　シェ　　シ　　　シャ　　　ショ　　　シュ

　　　sciarpa マフラー, **scena** 場面, **sciupare** 台無しにする
　　　　シャルパ　　　　　　　シェーナ　　　　　　シュパーレ

＊サ行のスー音に対して，舌背を硬口蓋に向けて押し上げて発する s の口蓋化したシュー音です．母音 a, o, u の前では 3 字で 1 つの音を表わすことになります．

gn[ɲ] ：gna — gne — gni — gno — gnu
　　　　　　ニャ　　ニェ　　ニィ　　ニョ　　ニュ

　　　cicogna コウノトリ, **gnocchi** ニョッキ
　　　　チコーニャ　　　　　　　ニョッキ

＊n を発音する要領で，舌背を硬口蓋に向けて押し上げて発する n の口蓋化したニャ行の音です．

gl
gli [ʎ] : glia — glie — gli — glio — gliu
　　　　　リャ　　リェ　　リィ　　リョ　　リュ

maglia セーター，figlio 息子
マッリャ　　　　　フィッリョ

＊l を発音する要領で，舌背を硬口蓋に押し付けて発する l の口蓋化した音です．日本語にはまったく馴染みのない音ですのでイタリア語の発音でことに要注意．i 以外の母音の前では 3 字で 1 つの音を表わすことになります．

＊ただし glicerina「グリセリン」のような学者語では [ʎ] ではなく [gli] と読まれることに注意．

イタリア語の子音は，その調音方法，調音点，声帯の振動のある・なし（有声・無声）により互いに区別されます．次のような表にまとめることができます．

		両唇音	唇歯音	歯　音	硬口蓋音	軟口蓋音
閉鎖音	無声	p [p]		t [t]		c ch [k]
	有声	b [b]		d [d]		g gh [g]
破擦音	無声			[ts] z	c ci [tʃ]	
	有声			[dz]	g gi [dʒ]	
摩擦音	無声		f [f]	[s] s	sc sci [ʃ]	
	有声		v [v]	[z]		
鼻音		m [m]		n [n]	gn [ɲ]	
流音	側音			l [l]	gl gli [ʎ]	
	ふるえ音			r [r]		

§5 2重子音

1. イタリア語の子音はすべて（z，sc，gn，gl を除き）母音間で単子音としてばかりでなく2重子音としても起こります．

   caro 親愛なる ― carro 輸送車
   カーロ　　　　　　カッロ

   capello 毛髪 ― cappello 帽子
   カペッロ　　　　　カッペッロ

   これらの2重子音は前後の音節にまたがって起こるものです．

2. z [ts, dz], sc (i) [ʃ], gn [ɲ], gl (i) [ʎ] は綴り字に変化はなくとも母音間ではつねに2重子音となります．

   stazione [statstsióːne] 駅, famiglia [famíʎʎa] 家族

   ＊北イタリア諸方言は2重子音がないことで知られています．

3. 標準語では一息に発せられる語群のなかで，短い単語（前置詞ほか）の語末の母音が後続する語頭の子音を二重化する現象が見られます．**統語上の2重子音**と呼ばれています．一般に正書法には影響しませんが，合成語になると2重子音として綴られます．

   a+casa 家へ → [a kkaːsa]
   アッカーサ

   È+vero. 本当です → [ɛ vveːro]
   エッヴェーロ

   sopra+tutto → soprattutto とりわけ
   ソープラットゥット

   là+giù → laggiù あそこに
   ラッジュ

§6 子音連結

一息に発せられる同一音節内に起こる cr-, pl- タイプの子音連結にも注意が必要です．

cr-：croce 十字架　　　　sp-：spesso しばしば
　　　クローチェ　　　　　　　　スペッソ

gr-：grosso 大型の　　　　sl-：slavo スラヴ人
　　　グロッソ　　　　　　　　　ズラーヴォ

pl- : **plastica** プラスチック
　　　　プラスティカ

sc- : **scala** 階段
　　　　スカーラ

s音に始まる scr- のような3子音の連結もあります．

scr- : **scrivere** 書く
　　　　スクリーヴェレ

sgr- : **sgridare** 大声でどなる
　　　　ズグリダーレ

spl- : **splendido** 華麗な
　　　　スプレンディド

＊語末に起こる子音（連結）としては僅かですが外来語の gas「ガス」, sport「スポーツ」などがあります．
　　　　　　　　　　　　　　　　　　　　　ガス　　　スポルト

＊なお，tetto「屋根」における -tt- のような2重子音や cantare「歌う」における -nt- のような子音連結は二つの音節にまたがって起こるものです．ここで扱っている子音連結には含まれません．

§7　単語のアクセント

　一般にイタリア語でアクセントがあるというときは**強勢**アクセントを指しています．単語には冠詞や前置詞のように文中ではアクセントをもたないものもありますが，名詞や動詞などではアクセントがある音節はとくに強く発音されます．

　イタリア語では最後から2番目の音節にアクセントが置かれる場合が圧倒的に多いのは事実です．

　　parola ことば，単語，**tempo** 時間
　　　パローラ　　　　　　　テンポ

しかしながら最後から3番目とかそれ以上の音節にあるものも結構ありますので注意が必要です．

　　popolo 国民，**albero** 樹
　　　ポーポロ　　　　アルベロ

　　amano 彼らは愛します，**dimenticano** 彼らは忘れる
　　　アーマノ　　　　　　　　　ディメンティカノ

多くはありませんが一番最後の音節にアクセントをもつ単語も存在します．

città 都市, virtù 徳
チッタ　　　　ヴィルトゥ

＊最後の音節にアクセントがある場合のみ，アクセント記号（一般に`）が付けられます．語末のアクセントのある e については狭母音には（´），広母音には（`）を用いる習慣がありますが，いずれの場合にも（`）を用いる方法もあります．それは語末のアクセントのある o がつねに広母音であるためこれと並んでつねに（`）を用いようとするものです．

§8　音節

音節は一気に発せられる最小の言語単位と言えます．イタリア語の音節構成には，母音から成るもの，子音＋母音から成る開音節（とくに語末においては）を主流にして，いくつかの種類があります．

o・ra　いま　[v]
オ　ラ

ca・me・ra　部屋　[cv]
カ　メ　ラ

can・zo・ne　歌　[cvc]
カン　ツォー　ネ

al・to　高い　[vc]
アル　ト

＊v は母音，c は子音を表わします．
＊なお正書法上の音節の区切り方について不明なときはその指示がある辞典に従うのがよいでしょう．

§9　イタリア語のリズム

イタリア語はそれぞれの音節がアクセントのある・なしの違いを超えて，心理的に均等な時間で発せられる言語です．この点では日本語に近い存在です．

これに対して英語は強アクセントが音節の数とは関係なく均等な時間をおいて現れる言語です（強アクセントから次の強アクセントまでの間にみられる音節の数の多少によってそれぞれの音節の発せられる時間に差が生じます）．英語が強勢基準的言語と呼ばれるのに対して，イタリア語は音節基準的言語と呼ばれます．

Mio fig lio Gio van ni è an da to a Na po li.
ミオ フィッ リョ ジョ ヴァン ニ エ アン ダー ト ア(ッ) ナー ポ リ

私の息子ジョヴァンニはナポリへ行きました．

§10 イントネーション

　イントネーションとは話しことばにおける音調ですが，あいにく研究が遅れている分野でもあります．一般に平叙文（疑問詞のある疑問文を含む）では文末のアクセントのある音節から徐々に下降型になり，疑問文（疑問詞を含まない）は文末のアクセントのある音節から上昇型で発せられることが指摘されています．文中でさらに何かが加えられることを示すとき，あるいは平凡なニュアンスを与えようとするときなどには下降・上昇をせず平板型となります．

Dove vai ? ― Vado al cinema.
ドーヴェ ヴァイ 　ヴァード アル チーネマ
君はどこへ行くの？ ― 私は映画に行くのです．

Devi partire domani ?　君は明日発たねばならないのですか？
デーヴィ パルティーレ ドマーニ

Duemilasei　2006
ドゥーエ ミーラ セイ

　　　＊語末母音の省略・切捨てについては cfr. 第 9 課 §7 および第 11 課 §5．

イタリア語は

　イタリア語は，古代ローマ人の日常語であったラテン語に由来するロマンス語（ネオ・ラテン語）のひとつです．ラティウム地方の１俚語に過ぎなかったラテン語は，ローマの政治的な拡大によりローマ帝国領内に広まるが，帝国の崩壊後，領内の各地で独自の変化を遂げ，固有の言語や方言に生まれ変わりました．こんにち国語としてはイタリア語のほか，西から順にポルトガル語，スペイン語，フランス語，ルーマニア語があり，少数言語には，カタルニア語，ガリシア語，オック語，サルジニア語，レト・ロマンス語などがあります．このうちサルジニア語は古風なロマンス語となっています．

　ラテン語は長い間イタリア半島の知識層の書きことばでした．これに対し民衆の間で生まれ変わった各地のラテン語は俗語と呼ばれ，モンテカッシーノの修道院に保存されている，960年春の裁判記録のなかの証言のことばは，ラテン語に代って用いられたその最初の文献です．やがてダンテがフィレンツェの俗語を高貴なることばとして『神曲』に採用し，文学語の基礎を築きます．彼がイタリア語の父と呼ばれるのはそのためです．地域主義の根強いイタリアでは多くの言語論争を経た後，国家統一(1861)を契機に，それまでほとんどの人が用いていた地域ごとの方言に対して，トスカーナ（ことにフィレンツェ）のことばを基盤とした標準イタリア語（単にイタリア語とも呼ばれる）が少しずつ普及しました．こんにちでは9割以上がイタリア語（あるいはその地域訛り）を話し，そのうちおよそ半数はつねにイタリア語を，残りが方言を併用すると言われます．

　さて方言は，標準語の基礎となったトスカーナ方言を中央にして，北イタリア方言と中・南イタリア方言との３種類に大別されます．たとえば「兄弟」を表わす単語の分布をみると，イタリア半島がラテン語FRATERを受け継ぐ中・南イタリア方言(frate)地域とそれに指小辞を加えて新しくした形FRATELLUSを受け継ぐ地域

にまず2分されます．次に新しい形が普及した地域は，語中の無声閉鎖音をそのまま維持するトスカーナ方言（fratello）とそれを有声化する北イタリア方言（fradel）の地域にラ・スペッツィア＝リミニ線と呼ばれる境界線で2分され，その結果全体として大きく3つの地域の存在に気付くことができます．北イタリア方言の主な特徴は語中の無声閉鎖音の有声化のほか，語中の -s- の有声化，2重子音がないことなどです．中・南イタリア方言の主な特徴は，-mb->-mm-,-nd->-nn- (gamba「脚」>gamma, mondo「世界」>monno) です．トスカーナ方言の重要な特徴をひとつ挙げるとラテン語の -ARIUS >-aio (notaio「公証人」，[トスカーナ以外では -aro] notaro) です．なおフィレンツェ周辺ではエトルスク起源とも言われる訛り la casa「家」>la ha:sa がみられます．

　イタリア語はイタリア共和国（総面積301,260平方キロ，人口約5,700万人）の公用語です．イタリア国内に位置するヴァティカン市国，サン・マリーノ共和国においても同様です．国外ではスイスのイタリア語地域（ティチーノ州を中心とする）では公用語として，フランス領のコルシカでは公用語のフランス語と並んでトスカーナ方言を継承するもの（コルシカ語と呼ばれている）が話されています．またマントンからモナコに至る地域やイストリア沿岸でもイタリア語話者が見出されます．さらにイタリアの影響をうけたソマリアで，また南北アメリカほか各地のイタリア人移民の間に受け継がれています．イタリア語は EU の公用語のひとつでもあります．

　なお，イタリア国内には公用語としてのイタリア語と並んでイタリア語以外の言語も話されている場所があります．主なものは同じロマンス語に属するものとしてヴァッレ・ダオスタ地方のフランコ・プロヴァンス語，ドロミーティ地方のラディン語とフリウリ地方のフリウリ語（いずれもレト・ロマンス語のひとつとされる），サルジニア島のサルジニア語，サルジニア島西北のアルゲーロのカタルニア語などがあります．非ロマンス語系のものとしては，北の国境地域のドイツ語やスロヴェニア語をはじめ，各地の旧植民者の間

でクロアチア語，アルバニア語，ギリシャ語などが話され，これに地域は定まらないがロマニー（ジプシー）語が加えられます．

　このような言語的多様性は，イタリア半島がラテン語化されてからもこんにちまで続いています．イタリア語はこれらの言語とうまく共存しているため，イタリアはまさに多言語国家のモデルといえるかも知れません．

Firenze 市内

第1課 冠詞＋名詞，名詞の語尾変化

基本表現

1. **un libro e una penna**
   ウン　リーブロ　エ　ウーナ　ペンナ
   （1冊の）本と〔1本の〕ペン

2. **un treno e una macchina**
   ウン　トゥレーノ　エ　ウーナ　マッキナ
   （1編成の）列車と〔1台の〕自動車

3. **un uomo e una donna**
   ウン　ウオーモ　エ　ウーナ　ドンナ
   （1人の）男と〔1人の〕女

4. **Questo è un dizionario. Il dizionario è di Giovanni.**
   クゥエスト　エ　ウン　ディッツィオナーリオ　イル　ディッツィオナーリオ　エ　ディ　ジョヴァンニ
   これは辞書です．その辞書はジョヴァンニのものです．

〔語句〕

un（**una**）［不定冠詞］m.(f.) ある・ひとつの，**libro** m. 本，**penna** f. ペン，**treno** m. 列車，**macchina** f. 自動車，**uomo** m. 男, ひと，**donna** f. 女，**questo**［指示代名詞］これ，**è** 〜である，**dizionario** m. 辞典, 辞書，**il**［定冠詞］その，**di**［前置詞］〜の，**Giovanni**［人名］ジョヴァンニ

§1　名詞の性

名詞には文法的に**男性**と**女性**の区別があります．babbo「父さん」は男性，mamma「母さん」は女性といったように自然の性をもつ名詞だけでなく，それ以外の名詞にも libro「本」は男性，penna「ペン」は女性，あるいは vino「ワイン」は男性，acqua「水」は女性といったように長

い間の習慣でどちらかの性を与えられています．とはいえイタリア語の名詞はおよそ 7 割が -o または -a で終わっているため，しかも -o で終わるものはほとんどが**男性名詞**，-a で終わるものはほとんどが**女性名詞**ですから，語尾で性の区別がある程度予測できます．ただ残りの名詞はわずかなものを除けば -e に終わり，これには男性名詞と女性名詞があり，fiore「花」は男性ですが，ape「蜜蜂」は女性といったように，語尾は性の区別に役立ちません．原則として名詞ごとに性別（イタリア語の辞典では m., f. のように示されています）を覚えておく必要があります．名詞に付けられる冠詞や形容詞もその性に一致しなければならないからです．

§2 名詞の数

名詞にはさらに**単数形**と**複数形**があります．単数形は名詞の基本形となり，複数形は単数形の語尾を変化させて作られます．主として次の 4 通りの方法によります．

1. 単数の語尾 **-o** は，複数では **-i** となります．

    > bambino m. 男の子　→　bambini
    > libro m. 本　→　libri
    > treno m. 列車　→　treni
    > aereo m. 航空機　→　aerei

2. 単数の語尾 **-a** は，複数では **-e** となります．

    > bambina f. 女の子　→　bambine
    > casa f. 家　→　case
    > fermata f. 停留所　→　fermate

なお，わずかですが -a に終わる男性名詞があり，複数では -o で終わる男性名詞と同じく -i となります．

> poeta m. 詩人　→　poeti

3. 単数の語尾 -e は，男性・女性ともに複数では -i になります．

> padre m. 父 → padri　　madre f. 母 → madri
> leone m. ライオン → leoni　　tigre f. トラ → tigri
> fiore m. 花 → fiori　　nave f. 船 → navi
> giornale m. 新聞 → giornali　　stazione f. 駅 → stazioni

4. 単数の語尾がアクセントのある母音，あるいは子音である場合は単複同形です．

> città f. 都市　　sport m. スポーツ
> caffè m. コーヒー　　film m. 映画
> virtù f. 徳　　gas m. ガス
> università f. 大学

なお注意すべき複数形については cfr.(＝参照)第5課§7．

名詞には語尾から性別を予測できない場合もいくつかあります．

> mano f. 手　　radio f. ラジオ
> cinema m. 映画（館）　　tesi f. 論文

＊人を表わす名詞には，bambino「子供」，ragazzo「少年」，italiano「イタリア人」などのように語尾の -o を -a に変えることで女性名詞となるものがあります．

＊さらに人を表わす名詞には，professore m.「教授」のように接尾辞 -essa を加えて，professoressa のように女性名詞をつくる伝統的な方法もあります．しかしこんにち職業名としての男女の差別をためらい，男性名詞をそのまま女性名詞として用いる傾向も一部にみられます．たとえば avvocato「弁護士」に対して avvocatessa では「弁護士の妻」になり，また avvocata では軽蔑的なニュアンスをもつ「おしゃべり女」となるため，最初から avvocato を男女共通に使ったりしています．

＊人を表わす名詞にはまた，語尾が -a に終わる dentista「歯科医」，あるいは -e に終わる nipote「いとこ，まご」，cantante「歌手」のように男女共通名詞があり，この場合性の区別は冠詞などに頼ります．

＊動物を表わす名詞の一部には，leone「ライオン」に対してleonessa「メスのライオン」，cane「犬」に対してcagna「メス犬」のような言い方があります．しかし通常オス・メスを区別しないで用いる動物名に関しては，ape「蜜蜂」，scimmia「猿」，giraffa「キリン」，balena「クジラ」などは女性名詞，delfino「イルカ」，elefante「ゾウ」，gorilla [単複同形]「ゴリラ」などは男性名詞となります．これらの名詞でとくにオス・メスを区別したいときは，あとにmaschio「オス」，femmina「メス」を付加し，たとえばdelfino femmina「メスのイルカ」のようにいいます．

＊名詞は伝統的にその表わす意味をもとに次のように分類されています．Paola「パオラ」，Roma「ローマ」などは固有名詞，tavola「テーブル」，cantante「歌手」などは普通名詞，famiglia「家族」，popolo「人民」などは集合名詞，pace「平和」，libertà「自由」などは抽象名詞，acqua「水」，benzina「ガソリン」などは物質名詞と呼ばれます．固有名詞はもとより抽象名詞，物質名詞などは特殊な意味で用いられない限り複数形は存在しません．逆に名詞にはforbici「はさみ」，pantaloni「ズボン」のように主として複数形で用いられるものもあることに注意しましょう．

§3　冠詞：不定冠詞と定冠詞

　名詞は原則としてその前に冠詞をつけて用います．冠詞には不定冠詞と定冠詞とがあります．**不定冠詞**(un～)は「ある(ひとつの)～」といった意味で名詞が未知のものであることを示し，**定冠詞**(il～)は「その(例の)～」といった意味で既知のものであることを示す働きをもっています．「～というもの」といった総称的な意味ではどちらも用いられます．冠詞はこのように名詞を限定するためにあり，名詞と一体となって**名詞句**と呼ばれるひとまわり大きな単位を構成します．

　冠詞は，その限定する名詞の性と数に応じて形が変わりますが，名詞の(別の語が来る場合はその)語頭音によっても形を変えます．

　なお,不定冠詞にはイタリア語では複数形がありません(その代用形となる部分冠詞については cfr. 第4課 §4)．

不定冠詞

男性・単数	**un** ［子音(不純な子音を除く)または母音の前で］ **uno** ［不純な子音の前で］
女性・単数	**una** ［すべての子音の前で］ **un'** ［母音の前で］

＊不純な子音とは，男性名詞の語頭に起こる s＋子音，z，さらに gn, pn, ps, sc [ʃ] などを指しています．

un treno 列車	una porta ドア，扉
un albero 樹	un'isola 島
uno zio 伯父(叔父)	
uno studente 学生	

定冠詞

	単　数	複数
男性	**il** ［子音(不純な子音を除く)の前で］ **l'** ［母音の前で］ **lo** ［不純な子音の前で］	**i** **gli** **gli**
女性	**la** ［すべての子音の前で］ **l'** ［母音の前で］	**le** **le**

il treno → i treni	列車
l'albero → gli alberi	樹
lo zio → gli zii	伯父(叔父)
lo studente → gli studenti	学生
la porta → le porte	ドア，扉
l'isola → le isole	島

＊un', l' のような省略形については第9課§5で説明します．

§4 Questo è …

Questo è …「これは～です」は，英語の this is … に相当しますが，イタリア語の指示代名詞 questo はその指示する名詞の性と数に一致します．

Questo è un libro.	これは本です．
Questa è una penna.	これはペンです．
Questi sono libri.	これらは本です．
Queste sono penne.	これらはペンです．

練習問題 1

(解答は p. 167)

A. 次の名詞に不定冠詞をつけなさい．
  1. uomo（男）
  2. macchina（自動車）
  3. tavola（テーブル）
  4. ombrello（傘）
  5. donna（女）
  6. uscita（出口）
  7. caffè （コーヒー）
  8. scolaro（児童）

B. 上の名詞に定冠詞をつけなさい．

C. 次の名詞を複数形にしなさい．
  1. albero（樹木）
  2. scuola（学校）
  3. cane（犬）
  4. bicchiere（コップ）
  5. giornalista（ジャーナリスト）
  6. chiesa（教会）
  7. gatto（猫）
  8. biglietto（切符）

第2課 主語人称代名詞, 動詞 essere と avere, 品質形容詞, 疑問文と否定文

基本表現

1. **Sono uno studente giapponese ed oggi ho una lezione d'italiano.**
   ソーノ ウーノ ストゥデンテ ジャッポネーゼ エ ドッジ オ ウーナ レッツィオーネ ディタリアーノ
   私は日本人学生で，きょうイタリア語の授業があります．

2. **Lei è italiano ?**
   レーイ エ イタリアーノ
   あなたはイタリア人ですか？
   — **Sì, sono italiano.**
   スィ ソーノ イタリアーノ
   ええ，私はイタリア人です．
   — **No, non sono italiano, sono svizzero.**
   ノ ノン ソーノ イタリアーノ ソーノ ズヴィッツェロ
   いいえ，私はイタリア人ではありません，スイス人です．

3. **Che cos'è ?**
   ケ コゼ
   （それは）何ですか？
   — **È una pianta di Roma.**
   エ ウーナ ピアンタ ディ ローマ
   ローマの地図です．

4. **Chi è ?**
   キ エ
   （あの方は）誰ですか？
   — **È Franca.**
   エ フランカ
   フランカさんです．
   — **È una ragazza italiana.**
   エ ウーナ ラガッツァ イタリアーナ
   イタリアの女の子です．

〔語句〕

sono < **essere** (私は)～です, **studente** m. 学生, **giapponese** 日

本の, **lezione** f. レッスン, 授業, **d'**＜**di** 〜の, **italiano** m. イタリア語, **Lei** あなた, **italiano** イタリア(人)の, **sì** はい, **no** いいえ, **svizzero** スイス(人)の, **che cosa** 何, **pianta** f. 地図, **Roma** ローマ, **chi** 誰, **ragazza** f. 少女

§1 主語人称代名詞

主語として用いられる人称代名詞には，**人称**と**数**に応じて次の形があります．

	単数	複数
1人称	**io** イーオ 私	**noi** ノーイ 私たち
2人称	**tu** トゥ 君	**voi** ヴォーイ 君たち, あなた
3人称	**lui** (**egli**) ルーイ エッリ 彼 **lei** (**ella**) レーイ エッラ 彼女 **Lei** レーイ あなた	**loro** ローロ 彼(女)ら **Loro** ローロ あなた方

3人称・単数には，男性と女性の区別があります．カッコ内の **egli, ella** は書きことば専用の形です．

Tu「君」と **Lei**「あなた」：3人称の **lei**「彼女」は，敬称として「あなた」の意味で用いられます．(この場合正書法では **Lei** のように大文字で始めます．)その複数形はこんにちでは対応する **Loro** よりも2人称の **voi** で間に合わせることができます．

　　＊なお南イタリアの地域語では **voi** が **tu** の敬称として用いられています(フランス語を参照)．

§2　動詞 essere と avere の現在形

essere「～である」と avere「～を持っている」(それぞれ英語の be 動詞と have 動詞に当たる)はよく用いられる動詞ですが不規則です．現在形を見ますと，主語の**人称**(1・2・3人称)と**数**(単数・複数)に応じて形が変わっています．

	essere	～である	avere	～を持っている
	単数	複数	単数	複数
1人称	sono ソーノ	siamo スィアーモ	ho オ	abbiamo アッビアーモ
2人称	sei セーイ	siete スィエーテ	hai アイ	avete アヴェーテ
3人称	è エ	sono ソーノ	ha ア	hanno アンノ

主語人称代名詞はイタリア語ではとくに表わす必要があるとき以外は使われません．動詞の語尾変化(活用)が主語人称代名詞の役割を兼ねているからです．

　　Sono giapponese.　　　(私は)日本人です．
　　Siamo giapponesi.　　 (私たちは)日本人です．
　　È un cellulare.　　　　(それは)携帯電話です．

§3　品質形容詞

　形容詞はその修飾する名詞の性と数に一致して語尾変化します．形容詞は名詞の後に置かれるのが一般的です．
　形容詞は名詞の直接修飾語としても動詞の補語としても用いられます．たとえば形容詞 rosso「赤い」は，la macchina rossa「その赤い車」では名詞を直接修飾し，**名詞句**(冠詞＋名詞＋形容詞)の構成要素となっていますが，La macchina è rossa「その車は赤い」では動詞の補語として**動詞句**(動詞＋形容詞)の構成要素になり，動詞を介して名詞と

結ばれることになります．

　形容詞は男性単数を基本形とし，その修飾する**名詞の性と数に応じて**次のように語尾変化します．語尾変化には3種類あります．
1. **男性単数が -o で終わる形容詞は，4通りの語尾を持ちます．**

> un vocabolo nuovo → vocaboli nuovi　新しい語
> una macchina nuova → macchine nuove　新車

2. **男／女性単数が -e で終わる形容詞は，2通りの語尾を持ちます．**

> un marito gentile → mariti gentili　親切な夫
> una commessa gentile → commesse gentili　親切な女店員

3. 変化なし(pari「等しい」, blu「青い」など数語)．

> un vestito blu → vestiti blu　紺の服

§4　品質形容詞の位置

　品質形容詞のうち buono「よい」, caro「親愛なる」のように比較的短い単語には名詞を直接修飾する場合，名詞の前に置かれる傾向があるものがあります．　　Buon giorno.　おはよう．
　　caro amico　親しい友
　　bella ragazza　きれいな女の子
　形容詞にはことに名詞の前に置かれると比喩的な意味を表わす場合がありますので注意．

　　un uomo grande　大きな男　　　un *grand'*uomo　偉人
　　un uomo povero　貧しい男　　　un *pover* uomo　哀れな男
　　una notizia certa　確かな知らせ　una *certa* notizia　ある知らせ
　　una casa nuova　新築の家　　　una *nuova* casa　新居(中古も含まれる)

un amico vecchio　老いた友人　　un *vecchio* amico　親友(老いて
　　　　　　　　　　　　　　　　　　　　　　　　　　　いるとは限りません)
　　　　＊一般に名詞の前に置かれる形容詞が名詞の後に置かれると本来の意味がさ
　　　　　らに強調されます．
　　　un buon caffè　おいしいコーヒー　un caffè buono　本当においしいコーヒー
　　　un buon vino　おいしいワイン　　un vino buono　本当においしいワイン

§5　疑問文と否定文

　普通の文(平叙文と呼ばれる)は語順はそのままで最後の部分を上昇型のイントネーションにすれば(書きことばでは疑問符を加えます)**疑問文**となります．

> 　　Lei è italiano.　あなたはイタリア人です．
> 　　→ Lei è italiano ?　あなたはイタリア人ですか？

　文のある構成要素が疑問詞で表わされると疑問詞を含む疑問文となります．その場合疑問詞は文頭に置かれ，主語と動詞との語順が入れ替わります．イントネーションは普通の文と変わりませんが，とりわけ問いかけるようなニュアンスでは上昇型も用いられます．

> 　　Lei è il sig. Rossi ?　あなたはロッスィさんですか？
> 　　→ Chi è lei ?　あなたは誰ですか？
> 　　(　sig.　＜　signore　m.　～さん)
> 　　　　スィニョール　　スィニョーレ

　普通の肯定文は動詞の前に否定辞(副詞)**non** を挿入することにより**否定文**となります．

> 　　Questo è un libro.　これは本です．
> 　　→ Questo non è un libro, è una videocasetta.
> 　　　　これは本ではありません，ビデオ・カセットです．

　　　＊英語では否定辞は動詞の後に置かれることに注意．　This is not ....

練習問題 2

(解答は p. 167)

A. イタリア語で言いなさい．
  1. （私たちは）日本人です．
  2. （あなたがたは）イタリア人です．
  3. （あなたは）イタリア人ですか？
  4. （私は）イタリア人ではなく，スイス人です．
  5. （君は）車を持っている？
  6. ええ，（ぼくは）車を持っています．
  7. （君たちは）イタリア語の授業があります．
  8. （私たちは）今日会議(riunione)があります．

B. 名詞にカッコ内の形容詞を付けなさい．
  1. una lezione（nuovo 新しい）
  2. i lavori（facile 容易な）
  3. le finestre（aperto 開いた）
  4. una bevanda（leggero 軽い）
  5. i libri（interessante 興味深い）
  6. la porta（chiuso 閉まった）
  7. i compiti（dificile 難しい）
  8. la stazione（vicino 近い）

第3課 動詞の語尾変化，規則動詞の直説法現在，名詞句と動詞句

基本表現

1. Parlate italiano ?
   パルラーテ　イタリアーノ

   あなた方はイタリア語を話されますか？

   — No, non parliamo ancora l'italiano, ma
   ノ　ノン　パルリアーモ　アンコーラ　リタリアーノ　マ

   parliamo inglese.
   パルリアーモ　イングレーゼ

   いいえ，私たちはまだイタリア語を話しませんが，英語は話します．

2. Perché studia l'italiano ?
   ペルケ　ストゥーディア　リタリアーノ

   どうしてあなたはイタリア語を勉強するのですか？

   — Studio l'italiano perché è una bella lingua.
   ストゥーディオ　リタリアーノ　ペルケ　エ　ウーナ　ベッラ　リングゥア

   私がイタリア語を勉強するのは，それが美しい言語だからです．

〔語句〕

perché [疑問詞] なぜ，[接] なぜなら, **studiare** 勉強する, **italiano** m. イタリア語, **bello** 美しい, **lingua** f. 言語，ことば，舌, **parlare** 話す, **ancora** まだ, **ma** しかし, **inglese** m. 英語

＊ parlare の直接目的語としての言語名には普通定冠詞を付けませんが，その間に副詞が入ると定冠詞を付けます．

§1 動詞

動詞が主語の**人称**（1・2・3人称）と**数**（単数と複数）に応じて語尾変化することは前課で学びましたが，動詞は同時にその表わす動作の**時称**

（現在，過去など）と法（現実的，非現実的など）に応じても語尾変化します．これが**動詞の活用**と呼ばれるものです．ただし studi-o「私は勉強する」のように語尾 -o のなかに法（直説法）と時称（現在）および人称（1人称）と数（単数）の区別が融合している場合がありますので注意しましょう．念のため語尾を切り離した部分は**語幹**です．

このように活用した形を**定形**，活用しない形を**非定形**と呼びます．不定詞は後者に属し，動詞の基本形として辞典の見出し語となります．

さて，動詞は不定詞に共通する語尾 -re の前に起こる母音 a, e, i（**テーマ[語幹形成]母音**と呼ばれる）により，-are 動詞，-ere 動詞，-ire 動詞と呼ばれる3つのグループに分けられます．

1. -are 動詞（第1活用動詞）：parlare 話す，amare 愛する，cantare 歌う，mangiare 食べる，studiare 勉強する
2. -ere 動詞（第2活用動詞）：vedere 見る，temere 恐れる，prendere 取る，scrivere 書く
3. -ire 動詞（第3活用動詞）：partire 出発する，dormire 眠る，aprire 開く，sentire 聞く

不定詞の**アクセント**は，テーマ母音の上にあるのが普通ですが，-ere 動詞（第2活用動詞）ではしばしばその前の音節にあるものがあります（ここでは便宜的に母音の下に・印で示します）．しかしイタリア語の動詞の圧倒的多数を占めるのは -are 動詞（第1活用動詞）です．その大部分が幸いにも規則動詞です（新しく作られる動詞も大抵このタイプです）．

ことわざ

Chi ben comincia è a metà dell'opera.
仕事は始まりをもってその半ばとせよ．

§2 第1・2・3活用規則動詞の直説法現在

		第1活用動詞 **parlare** 話す	第2活用動詞 **vedere** 見る	第3活用動詞 **partire** 出発する
単数	1人称	**parlo**	**vedo**	**parto**
	2人称	**parli**	**vedi**	**parti**
	3人称	**parla**	**vede**	**parte**
複数	1人称	**parliamo**	**vediamo**	**partiamo**
	2人称	**parlate**	**vedete**	**partite**
	3人称	**parlano**	**vedono**	**partono**

現在形のアクセントは語幹にありますが，語幹が2音節以上からなる場合，どの音節にあるかは予測できません．辞典には指示してあるのが普通です．

　parl-o　私は話す　　dimentic-o　私は忘れる

なお，語尾 -mo, -te の前では，アクセントはその直前の音節となります．

　parliamo　私たちは話す　　parlate　君たちは話す

第3活用動詞のうち，かなりのものが1・2・3人称・単数と3人称・複数で語幹と語尾の間に -isc- を挿入します．どの動詞に -isc- が挿入されるかは予測できません．

finire	終える
fin-isc-o	フィニスコ
fin-isc-i	フィニーシィ
fin-isc-e	フィニーシェ
fin-iamo	フィニアーモ
fin-ite	フィニーテ
fin-isc-ono	フィニスコノ

＊-isc- が挿入される動詞には capire「理解する」, preferire「〜の方を好む」, pulire「掃除する」など日常よく用いられるものがあります．

§3 名詞句（冠詞＋名詞＋形容詞）と動詞句（動詞＋名詞・形容詞）

名詞は冠詞をともなって，構文上は**名詞句**と呼ばれるより大きな単位をなしていますが，名詞を直接修飾する形容詞も，名詞を中心とする名詞句の構成要素です．

un libro　　scolastico
本（男性・単数）　学校の（男性・単数）＝教科書

una penna　　stilografica
ペン（女性・単数）　万年筆の（女性・単数）＝万年筆

動詞もその目的語や補語と一体となって，動詞を中心とするより大きな単位，すなわち**動詞句**を構成すると考えられます．

Takao *studia l'italiano*.　隆男はイタリア語を勉強します．
L'italiano *è una bella lingua*.　イタリア語は美しい言語です．
La linea *è occupata*.　回線がふさがっています．

練習問題 3

（解答は p. 167）

A. 次の動詞を活用しなさい（現在形）．
1. portare（持って行く）　　5. firmare（署名する）
2. mettere（置く）　　　　6. temere（恐れる）
3. comprare（買う）　　　7. prendere（取る）
4. studiare（勉強する）　　8. dormire（眠る）

B. 動詞を適当な形に直しなさい（現在形）．
1. Noi (parlare) francese.
2. Voi (ricevere) la posta.
3. Tu (aprire) la bottiglia.
4. Masao e Harumi (parlare) giapponese.
5. Io (finire) subito la lezione.

第4課
前置詞，冠詞付き前置詞，部分冠詞

基本表現

1. **Mario studia sempre in biblioteca.**
   マーリオ ストゥーディア センプレ イン ビブリオテーカ

   マリオはいつも図書館で勉強します．

2. **Il fratello di Paolo è professore di archeologia a**
   イル フラテッロ ディ パーオロ エ プロフェッソーレ ディ アルケオロジーア ア

   Napoli.
   ナーポリ

   パオロの兄(弟)はナポリで考古学の教授です．

3. **Abitiamo a Roma da quasi dieci anni.**
   アビティアーモ ア ローマ ダ クゥアーズィ ディエーチ アンニ

   私たちはおよそ10年前からローマに住んでいます．

4. **Quando ho un appuntamento, arrivo in anticipo,**
   クゥアンド オ ウン アプンタメント アルリーヴォ イン アンティチポ

   o in ritardo, ma mai in orario.
   オ イン リタルド マ マイ イン オラーリオ

   私は約束したとき早めにか遅れることはあっても，時間通りに着くことはありません．

5. **L'Eurostar per Firenze, Bologna e Milano è in**
   レウロスター ペル フィレンツェ ボローニャ エ ミラーノ エ イン

   partenza dal binario 1.
   パルテンツァ ダル ビナーリオ ウーノ

   フィレンツェ，ボローニャ，ミラノ行きエウロスターは1番線から発車します．

〔語句〕
in 〜の中で，**biblioteca** f. 図書館，**fratello** m. 兄弟，**archeologia** f. 考古学，**a** 〜で，**abitare** 住む，**da** 〜から，〜以来，**quasi** ほとんど，**dieci** 10，**anno** m. 年，**quando** (〜する)時，**appunta-**

mento m. (人と会う)約束，**arrivare** 到着する，**anticipo** m. 早め，繰上げ，**in anticipo** 前もって，**ritardo** m. 遅れ，**in ritardo** 遅れて，**mai** 決して〜ない，**orario** m. 時刻，**in orario** 時間通りに，**Eurostar** m. エウロスター超特急＝新幹線（国鉄のETR 450〜500系でイタリア国内の主要都市を結ぶ），**per** 〜へ，**per Firenze** フィレンツェ行きの，**binario** m. 線路，〜番線

§1 前置詞

　前置詞は名詞の前に置かれる不変化詞です．名詞とともに前置詞句と呼ばれるより大きな単位を構成し，文のなかの別の要素を補足する役割を果たします．Vado a casa di Maria「（私は）マリアの家に行きます」と言うとき，a casa「家に」は動詞 vado「（私は）行きます」を，di Maria「マリアの」は名詞 casa「家」を補足しています．さらに Vado a casa di Maria per studiare「（私は）勉強しにマリアの家に行くのです」では，per studiare「勉強するために」は前の文全体にかかりこれを補足していると言えます．

　前置詞には単音節からなるものと多音節からなるものとがあり，これに慣用句をなすものを加えることができます．**本来の前置詞は単音節からなるもので無強勢です**．di「〜の」, a「〜に，〜で」, in「〜の中に」, da「〜から」, su「〜の上に」, con「〜と共に」, per「〜へ」, fra（または tra）「〜の間」があります．このうち di の使用度がもっとも高いのは，名詞の属格に相当する働きをもつためです．これらの前置詞は基本的には**空間**(位置)を指示(限定)するものですが，**時間**に，さらに**抽象的な関係**にも転用され，さまざまな**様式**(手段)を表わすのに用いられます．

§2 冠詞付き前置詞

　単音節からなる本来の前置詞 di, a, in, da, su, の5つはつぎに定冠詞が来るとその定冠詞と融合し，次のように**冠詞付き前置詞**となります．

前置詞+	il	lo	la	l'	i	gli	le
a	al	allo	alla	all'	ai	agli	alle
da	dal	dallo	dalla	dall'	dai	dagli	dalle
di	del	dello	della	dell'	dei	degli	delle
in	nel	nello	nella	nell'	nei	negli	nelle
su	sul	sullo	sulla	sull'	sui	sugli	sulle

＊前置詞 di と in がそれぞれ de-、ne- となります。

＊定冠詞の l は母音に挟まれると2重化します。gl も母音間では発音が2重子音並みです。

　残りの前置詞 con, per, fra (tra) は定冠詞と融合しません。(con は書きことばでは con+il>col, con+i>coi が用いられることもありますが義務的ではありません。per+il>pel もほとんど起こりません。fra (tra) にはもともと融合形がありません)。

§3　前置詞の用法

　単音節からなる前置詞の主な用法を、使用頻度の高いものからとりあげます。

di (母音の前では普通 d') 「〜の」、「〜について」

　　la casa di Mario　　　　　　　マリオの家
　　l'albero del fico　　　　　　　イチジクの樹
　　Roberto è di Siracusa.　　　　ロベルトはシラクサの生まれです。
　　Luigi parla sempre di politica.　ルイージはいつも政治のことを話します。

　di は主語の働きと目的語の働きを合わせ持つことにも注目しておきましょう。

　　la partenza del treno　　　　　列車の発車 (=列車が発車すること)
　　la paura dello Tsunami　　　　津波の恐怖 (=津波を恐れること)

`a` 「〜に」,「〜で」

 Vado a Roma.   私はローマへ行きます.
 Abito a Torino.   私はトリーノに住んでいます.
 All'una torno a casa.   1時に私は帰宅します.
 Vado a piedi.   私は歩いて行きます.

 a は間接目的語を示すために用いられます.

 Scrivo una lettera a Franco.   私はフランコに手紙を書きます.

`in` 「〜のなかに」

 Vive in Italia, non in Francia.   彼はフランスではなくイタリアに住んでいます.
 Vado in Italia.   私はイタリアに行きます.
 Il cappotto è nell'armadio.   コートは洋服ダンスの中です.
 I pesci vivono nell'acqua.   魚は水中に住む.
 in fretta 急いで, nelle ore di punta ラッシュ・アワーに

`da` 「〜から」,「〜のところへ」

 Vengo dal Giappone.   私は日本から来ています(日本出身です).
 Piove dalle nove della mattina.   朝の9時から雨が降っています.
 Vado da Luisa.   私はルイーザのもとへ行きます.
 un bicchiere da vino   ワイン・グラス
 (un bicchiere di vino は「一杯のワイン」)

`su` 「〜の上に」,「〜について」

 L'elicottero vola su Tokyo.   ヘリコプターが東京の上空を飛ぶ.
 L'impermeabile è sulla sedia.   レイン・コートは椅子の上にあります.

`con` 「〜と(共に)」

 Franco parla con Mario.   フランコはマリオと話します.
 Laura pranza con Antonio.   ラウラはアントニオと食事をします.
 Sono uscito con l'ombrello.   私は傘をもって出かけました.

＊ cfr. 近過去(第9課).

　　Andiamo a Roma con il treno, non con l'aereo.　　私たちはローマへ飛行機ではなく列車で行きます.

`per` 「～のために」「～を通って」など

　　Studio per l'esame di latino.　　私はラテン語の試験のために勉強します.

　　Compriamo i fiori per le amiche.　　私たちは女友達のために花を買います.

　　Passiamo per via Nazionale per arrivare prima.　　先に着くために私たちはナツィオナーレ通りを通ります.

　　Il treno parte per Pisa a mezzogiorno.　　列車は正午にピサへ出発します.

　　Ho lavorato per sei ore ogni giorno.　　私は毎日6時間働きました.

`fra(=tra)` 「～の間に」「[時間]あと～で」

　　Lucca è tra Pisa e Pistoia.　　ルッカはピサとピストイアの間にあります.

　　Passo la domenica tra gli amici.　　私は日曜日は友達と一緒に過ごします.

　　Fra qualche minuto arriviamo a Roma Termini.　　あと数分で私たちはローマ終着駅に到着です.

　多音節からなるものには dopo「～のあとで」, sotto「～の下で」, dentro「～の中に」, dietro「～のうしろに」, senza「～なしに」, sopra「～の上に」などがありますが, これらは本来副詞としても用いられるものです(単音節では su が副詞としても用いられます).

　　dopo l'incrocio　　交差点のあとに
　　sotto la tavola　　テーブルの下に
　　dentro l'armadio　　洋服ダンスの中に
　　dietro la casa　　家の裏に

なお前置詞のあとに強勢代名詞 (cfr. 第 8 課 §4) が来るときは di を伴います.

 senza di te   君なしに
 fra di noi   私たちの間で
 sopra di voi   君たちの上に

次のように副詞と結合したものがひとつの前置詞のように用いられる場合もあります.

 prima di me   私の前に
 insieme a Lei   あなたといっしょに
 dopo di Lei   あなたのあとから (どうぞお先に)

また別の前置詞を伴うことも多く, 一体となってひとつの前置詞と同じ働きをします.

 dietro alla casa   家の裏に

さらに a causa di 〜「(原因)〜のために」, al termine di 〜「〜の終わりに」のように慣用句がひとつの前置詞の役割を果たす場合がみられます.

 a causa della nebbia 霧のために
 al termine della lezione 授業の終わりに

§4 部分冠詞

不定冠詞には本来の複数形がありません. しかし**前置詞 di＋定冠詞**がその代用形として「いくつかの〜」,「一定量の〜」の意味で用いられます. 可算名詞には定冠詞の複数形が, 数えられない名詞には定冠詞の単数形が起点となります.

 dei libri   何冊かの本
 delle cravatte   何本かのネクタイ
 del vino   若干量のワイン
 della carne   若干量の肉

前置詞はすでに述べたように名詞とともに前置詞句をなして, 文の他

の要素を補足する役割をもつものですが，部分冠詞をなす前置詞 di にはこの働きはありません．

練習問題 4

（解答は p. 167）

A. 次の文を完成しなさい．
1. Il libro ＿＿＿＿ professore è qui.
2. Studio l'italiano ＿＿＿＿ tre mesi.
3. Consegniamo i compiti ＿＿＿＿ professore.
4. Restiamo ＿＿＿＿ casa ＿＿＿＿ lavorare.

B. 次の前置詞を使ってそれぞれ短い文を作りなさい．
　　di, su, con, in, dopo

Roma：終着駅構内

あいさつ

Buon giorno. ブゥオン ジョルノ	おはよう．こんにちは．
Buona sera. ブゥオーナ セーラ	こんばんは．
Buona notte. ブゥオーナ ノッテ	おやすみなさい．
Ciao ! チャーオ	やあ！［親しい間柄で，別れるときにも］
Piacere. ピアチェーレ	はじめまして．
Arrivederci. アルリヴェデルチ	さようなら．［敬語では ArrivederLa］ 　　　　　　　　アルリヴェデルラ
Grazie. グラッツィエ	有難う．
Mi scusi. ミ スクーズィ	すみません．
Mi dispiace. ミ ディスピアーチェ	お気の毒です．残念です．
Prego. プレーゴ	どういたしまして．
Niente. ニエンテ	なんでもありません．
Non si preoccupi. ノン スィ プレオックピ	ご心配なく．
Per favore. ペル ファヴォーレ	どうぞ．［ものを頼むとき］
Permesso. ペルメッソ	失礼します．［前もって謝るとき］
Pronto. プロント	［電話で］もしもし．
Prego ? プレーゴ	［聞き取れなかったとき］なんとおっしゃいました？
Prego. プレーゴ	どうぞ．［ものを勧めるとき］

＊ Prego の互いに異なる用法に注意．

第5課 所有形容詞(代名詞), 指示形容詞(代名詞), Ecco ...

基本表現

1. a. **Io ho un appartamento grande.**
      イーオ オ ウン アパルタメント グランデ
      私は広いマンションを持っています．
   b. **Il mio appartamento è grande.**
      イル ミーオ アパルタメント エ グランデ
      私のマンションは広い．

2. a. **Tu hai un vestito elegante.**
      トゥ アイ ウン ヴェスティート エレガンテ
      君は上品な服を持っている．
   b. **Il tuo vestito è elegante.**
      イル トゥーオ ヴェスティート エ エレガンテ
      君の服は上品だ．

3. a. **La bicicletta del ragazzo è nuova.**
      ラ ビチクレッタ デル ラガッツォ エ ヌゥオーヴァ
      その男の子の自転車は新しい．
   b. **La sua bicicletta è nuova.**
      ラ スゥーア ビチクレッタ エ ヌゥオーヴァ
      彼の自転車は新しい．

4. **È tua questa chiave ?   — Sì, è mia.**
   エ トゥーア クゥエスタ キアーヴェ   スィ エ ミィーア
   この鍵は君のかい？   ええ，私のです．

5. **Quella chiave non è di Mario ?**
   クゥエルラ キアーヴェ ノン エ ディ マーリオ
   あの鍵はマリオのではないですか？
   No, non è la sua.
   ノ ノン エ ラ スゥーア
   ええ，彼のものではありません．

〔語句〕
　appartamento m.［集合住宅(マンション)の］一戸，**grande**　大きな，**mio**　私の，**vestito** m. 服，**elegante**　上品な，**bicicletta** f. 自転車，**tuo**　君の，**chiave** f. 鍵，**suo**　彼(女)の

§1　所有形容詞

　所有者の**人称**と**数**にしたがって，次のような6つの所有形容詞があります．

所有者	所有形容詞	
1人称単数	**mio**	私の
2人称単数	**tuo**	君の
3人称単数	**suo**	彼(女)の，あなたの
1人称複数	**nostro**	私たちの
2人称複数	**vostro**	君たちの，あなた方の
3人称複数	**loro**	彼(女)らの，あなた方の

　＊敬称としての3人称単数にはsを大文字にしたSuoが用いられます．

　所有形容詞は男性・単数が -o で終わる一般の品質形容詞と同じく，その修飾する名詞の性・数に一致して語尾変化します．ただし loro だけは不変化です．
　1・2・3人称・単数の所有形容詞 mio, tuo, suo は，その男性・複数形が語尾 -i の前で mi<u>ei</u>, tu<u>oi</u>, su<u>oi</u> のように，i は ie に，u は u<u>o</u> となります．

§2　所有形容詞の用法

　イタリア語の所有形容詞は**定冠詞**(またはこれに相当する語)を伴って通常は**名詞の前に置かれ**，その修飾する名詞の性と数に一致します．

il mio amico　私の友人	i miei amici
la mia cravatta　私のネクタイ	le mie cravatte
il tuo libro　君の本	i tuoi libri
la tua penna　君のペン	le tue penne

　un mio amico「ある私の友人」，quel tuo amico「あの君の友人」では定冠詞の代りに不定冠詞や指示形容詞が使用されます．
　　＊定冠詞を伴なう点がフランス語やスペイン語，さらに英語とも異なりますので要注意．

　3人称・単数の所有形容詞 suo は，英語やドイツ語と異なり所有者の性別を表わすことなく，修飾する名詞の性と数に一致するのみです．たとえば英語の his car, her car はイタリア語ではともに la sua macchina「彼(女)の車」となります．sua の女性語尾 -a は，所有者が男性であるか女性であるかに関係なく，macchina「車」が女性であることに一致しているに過ぎません．念のため，次のイタリア語の文を英語やドイツ語の文と比較してみて下さい．

　　Giovanni ama i suoi figli.　　Maria ama i suoi figli.
　　　ジョヴァンニは自分(＝彼)の子供達　　マリアは自分(＝彼女)の子供達を
　　　を愛している．　　　　　　　　　　　愛している．
　　John loves his children.　　　Mary loves her children.
　　Johann liebt seine Kinder.　　Marie liebt ihre Kinder.

　3人称・複数の所有形容詞 loro も不変化であるうえ所有者が複数であることのみを表わしています．

　　Giovanni e Maria amano i loro figli.
　　　ジョヴァンニとマリアは彼らの子供達を愛しています．

　なお親族を表わす名詞(単数に限る)に対しては所有形容詞に定冠詞を付けません．

mio padre　私の父親	mio figlio　私の息子
mia madre　私の母親	mia figlia　私の娘

ただし親族を表わす名詞であっても babbo「父さん」，mamma「母さん」などの愛称語や fratellino「弟」のように愛称としての指小辞をつけたもの，また caro「親愛なる」のような形容詞に修飾されているとき，さらに所有者が3人称・複数の loro である場合には冠詞を付けます．

  il mio babbo   私の父さん
  il mio fratellino   私の弟
  la mia cara sorella   私の親愛なる妹
  il loro padre   彼らの父親

§3 所有形容詞の他の用法

イタリア語の所有形容詞は**名詞のあとに**置かれることもありますが，その場合は強調されます．

> il mio amico 私の友人 → l'amico mio わが友人
> un mio amico ある私の友人 → un amico mio あるわが友人

 ＊南イタリアの日常語では所有形容詞は名詞のあとに置くのが普通です．tuo padre「君の父親」→ルカーニア方言 attànətə．サルジニア語やルーマニア語でも所有形容詞は後置されます．フランス語や英語ではこの語順は不可能です．なお，スペイン語には mi amigo のように前置される形と el amigo mío のように後置される形の2種類の所有形容詞があります．

イタリア語の所有形容詞は**動詞の補語**としても用いられます．
 Questo ombrello è mio. この傘は私のです．
 ＊この場合スペイン語では後置される方の形が用いられ，フランス語では mon「私の」に対して à moi のように別の表現に代わります．

§4 所有代名詞

定冠詞をともなった所有形容詞は修飾する名詞を省略すると**所有代名詞**になります．

> la sua chiave 彼の鍵 → la sua 彼のもの
> Sei qui per tuo figlio ? Anch'io sono venuto a prendere il mio.
> 君の息子のためにここにいるのですか？　私もうちのを迎えに来たところです．

この例では il mio は (* il) mio figlio (親族名称とともに用いられるときは定冠詞は付きません) の代わりに用いられています．

§5 指示形容詞

指示形容詞は，名詞が表わす人や事物が話者と空間・時間的にどのような関係に置かれているかを示そうとするものです．一般に話者に近いもの，聞き手に近いもの，両者から遠いものが区別され，イタリア語には questo「この」，codesto「その」，quello「あの」の 3 つの形が存在します．しかし codesto は現在トスカーナ地域以外ではほとんど用いられず，quello がその代りに使われています．

いずれも名詞の性と数に一致しますが，questo は母音で始まる単数名詞の前では語末の母音を省略することができますし，quello の方は定冠詞と同様の語尾変化をします．

> questo studente　この学生　　questi studenti　これらの学生
> questa settimana　今週　　　queste settimane　この数週間
> quest'anno　今年　　　　　　questi anni　近年
> quel libro　あの本　　　　　quei libri　あれらの本
> quell'uomo　あの男　　　　　quegli uomini　あれらの男たち
> quello studente　あの学生　　quegli studenti　あれらの学生たち

§6 指示代名詞

指示形容詞は指示代名詞としても用いられます．語尾変化は -o に終

わる名詞と同様です．

Questo è mio fratello e quella è mia sorella.
これは私の弟で，あれは私の妹です．

Questi sono nuovi ma quelli sono vecchi.
これらは新しいが，あちらのものは古いです．

§7 名詞・形容詞の複数形―注意すべき調整

1. -io で終わるものは，複数で -i となります．

   > bacio　キス　→　baci
   > orologio　時計　→　orologi
   > vecchio　年とった　→　vecchi

   ＊語幹の i が語尾の -i と融合します．ただし i にアクセントがある場合はそのまま残ります．zio　叔父　→　zii

2. -c(g)o で終わるものは，複数語尾 -i の前で語幹の c, g が次の a, b いずれかの調整を受けます．なお -c(g)a で終わる場合は複数語尾 -e の前で，b のみの調整を受けます．

   a. 発音が変わる（綴り字は規則的）：

   > amico　友達　→　amici
   > アミーコ　　　　　アミーチ
   > (ただし amica f. 女友達　→　amiche)
   > 　　　　アミーカ　　　　　　　　アミーケ
   > sociologo　社会学者　→　sociologi
   > ソチオロゴ　　　　　　　　ソチオロジ
   > simpatico　好感の持てる　→　simpatici
   > スィンパティコ　　　　　　　　　スィンパティチ
   > (ただし simpatica f. → simpatiche)
   > 　　　　スィンパティカ　　　　　スィンパティケ

   b. 綴り字が変わる（発音は規則的）：

> cuoco 料理人 → cuochi
> クゥオーコ　　　　クゥオーキ
>
> cuoca f. 女料理人 → cuoche
> クゥオーカ　　　　　　クゥオーケ
>
> lago 湖水 → laghi
> ラーゴ　　　　ラーギ
>
> antico 古い → antichi　　antica f. → antiche
> アンティーコ　　　アンティーキ　　アンティーカ　　アンティーケ
>
> poco 少しの → pochi　　poca f. → poche
> ポーコ　　　　　ポーキ　　　ポーカ　　　ポーケ
>
> largo 幅広い → larghi　　larga f. → larghe
> ラルゴ　　　　　ラルギ　　　ラルガ　　　ラルゲ

3. -c(g)ia に終わるものは，複数で -c(g)e となります．

> arancia オレンジ → arance
> アランチャ　　　　　アランチェ
>
> pioggia 雨 → piogge
> ピオッジャ　　　ピオッジェ
>
> riccia（＜riccio）縮れた → ricce
> リッチャ　　　　　　　　　リッチェ

＊ただし i にアクセントがある場合はそのまま残ります．

> farmacia 薬局 → farmacie
> ファルマチーア　　　　ファルマチーエ

例外として i にアクセントがなくとも

> camicia シャツ → camicie (cfr. camice m. 白衣)
> カミーチャ　　　　　カミーチェ　　　　カーミチェ

§8 Ecco ...

Ecco ... は具体的なものを提示しながら，「ほら，ここに〜がある」という動詞をもたない特殊な文を構成します．

  Ecco la mia giacca. ここに私の上着がある．
  Ecco il mio passaporto. これ(が)私のパスポートです．

接語代名詞(cfr. 第8課)は次のように直接あとに付け加えます．

  Ecco*lo*! それはここに！

 ＊フランス語の Voici ..., Voilà ... に当たる表現です．

練習問題 5

(解答は p. 168)

A. 文中の所有形容詞は別の人称に変え，questo は quello に変えなさい．さらに新しく出来た文を複数形にしなさい．
   1. Questo è il mio dizionario, questa è la mia penna.
   2. Il mio dizionario è questo, la mia penna è questa.
   3. Questo dizionario è mio, questa penna è mia.

B. 次の文を単数は複数に，あるいは逆に変えなさい．
   1. Mio fratello è un tipo divertente.
   2. La settimana prossima i miei amici partono per la Francia. Sono pronti i loro passaporti ?

Roma：トレーヴィの泉

第6課

不規則動詞, 助動詞

基本表現

1. Che cosa fa domenica ? — Domenica vado in
   ケ コーサ ファ ドメニカ　　　　　ドメニカ ヴァード イン
   chiesa.
   キエーザ

   あなたは日曜日に何をされますか？　日曜日には私は教会へ行きます。

2. Non conosco l'Italia, ma so che è bella.
   ノン コノスコ リターリア マ ソ ケ エ ベッラ

   私はまだイタリアを知りませんが、（それが）美しいことは分かっています。

3. John è inglese e viene da Londra.
   ジョーン エ イングレーゼ エ ヴィエーネ ダ ロンドラ

   ジョンは英国人で、ロンドンから来ています。

4. Vuol leggere qualche giornale ?
   ヴゥオル レッジェレ クゥアルケ ジョルナーレ

   なにか新聞をお読みになりますか？

   — Sì, grazie. La Reppublica, se c'è.
   スィ グラッツィエ ラ レップーブリカ セ チェ

   ええ、有難うございます。もしあればラ・レップーブリカをお願いします。

5. Sa cantare qualche canzone italiana ?
   サ カンターレ クゥアルケ カンツォーネ イタリアーナ

   あなたはなにかイタリアの歌を歌えますか？

   — Sì, certo. Per esempio, "'O sole mio".
   スィ チェルト ペル エゼンピオ オ ソーレ ミーオ

   ええ、もちろん。たとえば《オ・ソーレ・ミーオ》です。

〔語句〕

fa＜**fare**「する」の3人称単数・現在， **domenica** f. 日曜日， **chiesa**

f. 教会，**conosco**＜**conoscere**「知っている」の１人称単数・現在，**so**＜**sapere**「知っている」の１人称単数・現在，**viene**＜**venire**「来る」の３人称単数・現在，**Londra** ロンドン，**vuol**（＝**vuole**）＜**volere**「〜したい」の３人称単数・現在，**leggere** 読む，**qualche** なんらかの，**giornale** m. 新聞，**La Reppublica** ラ・レップーブリカ紙（イタリアの大手日刊新聞のひとつ），**se** もし〜なら，**canzone** f. 歌，**certo** もちろん，**esempio** m. 例，**per esempio** たとえば，**'o** ナポリ方言の定冠詞（イタリア語の **il** に当たる），**sole** m. 太陽

＊人や都市などを「知っている」には **conoscere** を使います．**sapere** との違いは cfr. §5．

§1　不規則動詞

　イタリア語の動詞は，**語尾変化に関してはおおむね規則的**です．にもかかわらず不規則動詞が存在するのは，語尾変化をする際に語尾にではなく**語幹の方に予測できない変化が生じる**ためです．

　この課では重要な不規則動詞の直説法現在形をまとめて学習します．日常語のなかには複雑なものがたくさん見出されます．**andare**「行く」の現在形がその１例です．

andare 行く	
(io)	**vad**-o
(tu)	**va**-i
(lui)	**v**-a
(noi)	**and**-iamo
(voi)	**and**-ate
(loro)	**v**-anno

＊この動詞の語根（語幹ですべての活用に共通する部分）が vad- と and- の２系列からなることが複雑さの原因です．実はかつてラテン語 ire「行く」に代わって用いられた二つの動詞があり，それらが混合したという事情によるものです．さらにここでは一部の語根が子音のみという状況も生じています．

＊なお現代イタリア語では，便宜上テーマ母音に相当するものが語尾の側に組み込まれていることをおことわりしておきます．（cfr. 第20課§7）

語根が2変種からなる動詞として：

fare　する，作る
facci-o
fa-i
f-a
facc-iamo
f-ate
f-anno

dire　言う
dic-o
dic-i
dic-e
dic-iamo
d-ite
dic-ono

sapere　知っている
s-o
sa-i
s-a
sapp-iamo
sap-ete
s-anno

dovere　しなければならない
dev-o
dev-i
dev-e
dobb-iamo
dov-ete
dev-ono

potere　できる
poss-o
puo-i
pu-ò
poss-iamo
pot-ete
poss-ono

volere　〜したい
vogli-o
vuo-i
vuol-e
vogl-iamo
vol-ete
vogli-ono

uscire　出る
esc-o
esc-i
esc-e
usc-iamo
usc-ite
esc-ono

bere　飲む
bev-o
bev-i
bev-e
bev-iamo
bev-ete
bev-ono

＊ fare「〜する」と dire「言う」は不定詞が -are，-ire に終わっていますが，ここでは -ere 動詞の特殊なケースとします．これらの不定詞はそれぞれ本来 fa(ce)re, di(ce)re という形であったものがカッコ内の部分が脱落して生じているうえ，のちに学ぶ直説法半過去などではもちろん，現在形の活用の一部で

も脱落する前の形が用いられるためです．

語根が子音のみからなる動詞として：

stare ～でいる
st-o
sta-i
st-a
st-iamo
st-ate
st-anno

dare 与える
d-ò
da-i
d-à
d-iamo
d-ate
d-anno

＊語根に母音が全く含まれていないことが注目されます．

語根が **l，n**（またはそれぞれに対応する **gli，gn**）で終わる第2・3活用動詞は，語幹と語尾 -o あるいは -ono との間に -g- を挿入する：

salire 登る
sal**g**-o
sal-i
sal-e
sal-iamo
sal-ite
sal**g**-ono

venire 来る
ven**g**-o
vien-i
vien-e
ven-iamo
ven-ite
ven**g**-ono

＊ venire の一部で e → ie に注意．

cogliere 摘む
col**g**-o
co**gl**-i
co**gl**-e
co**gl**-iamo
co**gl**-ete
col**g**-ono

spegnere 消す
spen**g**-o
spe**gn**-i
spe**gn**-e
spe**gn**-iamo
spe**gn**-ete
spen**g**-ono

＊-g- が挿入されるとき，gli と gn は l, n に戻ることに注意．

＊ porre「置く」, condurre「運転する」のように不定詞が -rre で終わるものがありますが，これらも -ere 動詞です．本来 ponere, conducere のような形でしたが -re の前の母音が脱落し，その前の子音が語尾の r と同化した結果 -rre となったものです．

§2　動詞の現在形—注意すべき調整

1. **-iare** に終わる動詞は，語尾の -i が語幹の i と融合する：
   mangiare　食べる
   mangi-i → mangi　君は食べる
   mangi-iamo → mangiamo　私たちは食べる
2. **-care, -gare** に終わる動詞は，語尾 -i の前で語幹の子音 c, g が発音は規則的だが綴り字の調整を受ける：

dimenticare 忘れる
dimentic-o
dimenti**ch**-i
dimentic-a
dimenti**ch**-iamo
dimentic-ate
dimentic-ano

pagare 支払う
pag-o
pa**gh**-i
pag-a
pa**gh**-iamo
pag-ate
pag-ano

3. -cere, -gere, -scere に終わる動詞は，語尾 -o の前で語幹の子音 c, g, sc の発音が変わる：

vincere 勝つ
vin**c**-o
vinc-i
vinc-e
vinc-iamo
vinc-ete
vin**c**-ono

leggere 読む
le**gg**-o
legg-i
legg-e
legg-iamo
legg-ete
le**gg**-ono

conoscere 知っている
cono**sc**-o
conosc-i
conosc-e
conosc-iamo
conosc-ete
cono**sc**-ono

§3 様態動詞＋不定詞

dovere「～しなければならない」，potere「～できる」，volere「～したい」などは別の動詞(不定詞)を従えて一種の助動詞の働きをします．本来の助動詞と区別して様態動詞と呼ばれています．

　　Devo studiare l'italiano.　　私はイタリア語を勉強しなければなりません．
　　Posso studiare l'italiano.　　私はイタリア語を勉強することが出来ます．
　　Voglio studiare l'italiano.　　私はイタリア語を勉強したい．

Studio l'italiano.「私はイタリア語を勉強します」と比べると，studiare「勉強する」にさまざまなニュアンスが加わっていることが分かります．

§4 sapere と potere「～できる」

sapere「知っている」は，「～できる」の意味でも使われます．potere「～できる」との違いは，sapere が潜在的な能力を指すのに対して，potere は現実的な可能性を表わしていると言えます．たとえば，男性のあなたがある女性をダンスに誘ったとします．もし「踊れません」という返事だとしても non so ballare と non posso ballare とが考えられるでしょう．sapere には踊り方を知らないといった理由が潜められて

いますが，potere にはあるいはあなたとは踊りたくないという意味が込められているかも知れません．

§5　sapere と conoscere「知っている」

　sapere と conoscere はいずれも「知っている」を意味する同義語です．どちらを用いても差し支えない場合もあります．

Quel ragazzo non { sa / conosce } la data di nascita di Dante.

あの少年はダンテの生誕日を知らない．
しかし次の例では2つの動詞の意味合いに差が出ます．
Conosce le lettere dell'alfabeto, ma non *sa* scrivere.

彼はアルファベットの文字は知っているが，書くことができない．
　また，一般に人について出身，職業などの情報を含め「知っている」には conoscere が使われます．sapere が用いられるのは人物の中身に関する場合です．

Lei mi *conosce*, ma Lei non *sa* chi sono io!

あなたは私を知っているが私が誰（どんな人物）かはご存知ない．
　外面的に「知る」のが conoscere であり，内面的に「知る」のが sapere と言えます．なお，sapere には上の例文のように名詞節を目的語とする構文が可能です．

練習問題 6

（解答は p. 168）

A.　指示にしたがい動詞を活用しなさい．
　1.　Conosco la Sicilia → (voi) ＿＿＿＿
　2.　Usciamo di casa → (io) ＿＿＿＿
　3.　Rimango in casa → (noi) ＿＿＿＿

4. Dico sempre la verità → (voi) _____
5. Mangiate l'arancia → (tu) _____

B. 次の文を和訳し，単数は複数に，または逆に書きかえなさい．
1. Gioco in giardino e non sono stanco.
2. Non posso ancora leggere Calvino, perché non conosco abbastanza bene l'italiano.
3. Studiamo e non dimentichiamo la grammatica.

Roma 市内

第7課 時刻・曜日などの表現，気象の表現

基本表現

1. Che ore sono ?　　　　　　— Sono le nove e mezza.
   ケ　オーレ　ソーノ　　　　　　ソーノ　レ　ノーヴェ　エ　メッザ
   何時ですか？　　　　　　　　　9時半です．

2. Che giorno è oggi ?　　　　— È mercoledì.
   ケ　ジョルノ　エ　オッジ　　　エ　メルコレディ
   今日は何曜日ですか？　　　　　水曜日です．

3. Quanti ne abbiamo ?　　— Ne abbiamo 12.
   クゥアンティ　ネ　アッピアーモ　　ネ　アッピアーモ　ドディチ
   (今日は)何日ですか？　　　　　12日です．

4. In che mese siamo ?　　— Siamo in giugno.
   イン　ケ　メーゼ　スィアーモ　　スィアーモ　イン　ジューニョ
   (今月は)何月ですか？　　　　　6月です．

5. In che anno siamo ?　　— Siamo nel 2006.
   イン　ケ　アンノ　スィアーモ　　スィアーモ　ネル　ドゥエ　ミーラ　セーイ
   (今年は)何年ですか？　　　　　2006年です．

6. Quale stagione preferisce ?
   クゥアーレ　スタッジョーネ　プレフェリーシェ
   あなたはどの季節を好まれますか？

   — Preferisco la primavera, perché non fa né
   　プレフェリスコ　ラ　プリマヴェーラ　ペルケ　ノン　ファ　ネ

   freddo né caldo.
   フレッド　ネ　カルド
   私は春が好きです．というのは寒くも暑くもないからです．

7. Quest'anno fa troppo caldo qui a Tokyo.
   クゥエスタンノ　ファ　トロッポ　カルド　クゥイ　ア　トーキョウ
   今年はここ東京は暑すぎます．

8. Che tempo fa oggi ?　— Oggi è una bella giornata.
   ケ　テンポ　ファ　オッジ　　オッジ　エ　ウーナ　ベッラ　ジョルナータ
   今日はどんな天気ですか？　　　今日はいい天気です．

〔語句〕
ora f. 時間, **nove** 9, **mezza** 半分, 30分, **giorno** m. 日, **mercoledì** m. 水曜日, **dodici** m. 12, **mese** m. 月, **giugno** m. 6月, **anno** m. 年, **stagione** f. 季節, **preferire** 〜をより好む, **primavera** f. 春, **freddo** 寒い, m. 寒さ, **caldo** 暑い, m. 暑さ, **né 〜 né** 〜も〜もない, **troppo** あまりに

§1 時刻の表現

Che ore sono?「何時ですか?」は時刻を尋ねるときの表現です. その単数形 Che ora è? も同様に使われます. ora「時間」は女性名詞であるため,「〜時」は［女性の定冠詞＋数詞］で表わしますが,「時間」自体を指すことばは省略されます.

 È l'una. 1時です.
 Sono le tre. 3時です. ＜ Sono le (ore) tre.
「1時」は単数ですが, それ以後は動詞も含めて複数です.
  ＊数詞の uno「1」には女性形があります. cfr. 同形の不定冠詞.
次に「〜分」は,［e＋数詞］で表わされます.
 È l'una e dieci. 1時10分です.
 Sono le tre e venti. 3時20分です.
なお「15分」,「30分」にそれぞれ un quarto「4分の1」, mezza「半分」も用いられます.
 È l'una e un quarto. 1時15分です.
 Sono le tre e mezza. 3時半です.
さて「〜分前」という表現は,［meno＋数詞］です.
 Sono le tre meno un quarto. 3時15分前です.
「正午(真夜中)です」は次のように表わされます.
 È mezzogiorno (mezzanotte).
  ＊時報や列車時刻などの公式な表現では24時間表示が通用しています.

§2 曜日と日付け

Che giorno è oggi? は直訳すると「今日は何日ですか？」とも受け取れますが，通常は「何曜日ですか？」の意味です．答えは例文2のようになります．settimana f.「週」の曜日は：

> **lunedì** m. 月曜日，**martedì** m. 火曜日，**mercoledì** m. 水曜日，
> ルネディ　　　　　マルテディ　　　　　メルコレディ
> **giovedì** m. 木曜日，**venerdì** m. 金曜日，**sabato** m. 土曜日，
> ジョヴェディ　　　　ヴェネルディ　　　　サーバト
> **domenica** f. 日曜日
> ドメニカ

「何日ですか？」と聞きたいときは，Quanti ne abbiamo? を用います．答えは例文3のようになります．Che giorno del mese è? で日付けを直接聞くこともできます．日付けは[定冠詞(男性・単数)＋基数詞]で il due「2日」のように表わします．giorno「日」が男性名詞であり，「2日(の日)」は厳密にいえば il (giorno) due なのです．

§3 12ヵ月と季節

> **gennaio** m. 1月，**febbraio** m. 2月，**marzo** m. 3月，**aprile** m.
> ジェンナイオ　　　　フェッブライオ　　　　マルツォ　　　　　アプリーレ
> 4月，**maggio** m. 5月，**giugno** m. 6月，**luglio** m. 7月，
> 　　　マッジョ　　　　　ジューニョ　　　　　ルゥッリョ
> **agosto** m. 8月，**settembre** m. 9月，**ottobre** m. 10月，
> アゴスト　　　　　セッテンブレ　　　　　オットーブレ
> **novembre** m. 11月，**dicembre** m. 12月
> ノヴェンブレ　　　　　ディチェンブレ
> **primavera** f. 春，**estate** f. 夏，**autunno** m. 秋，**inverno** m. 冬
> プリマヴェーラ　　　　エスターテ　　　　アウトゥンノ　　　　インヴェルノ

§4 数詞―基数(1～20)

数は通常アラビア数字で示されますが，呼び名は言語ごとに異なります．数詞には数量を表わす基数と順番を表わす序数の2種類があります．

まず基数の1から20まで：

1	uno ウーノ	11	undici ウンディチ
2	due ドゥーエ	12	dodici ドディチ
3	tre トゥレ	13	tredici トゥレディチ
4	quattro クゥアットロ	14	quattordici クゥアットルディチ
5	cinque チンクゥエ	15	quindici クゥインディチ
6	sei セイ	16	sedici セディチ
7	sette セッテ	17	diciasette ディチャッセッテ
8	otto オット	18	diciotto ディチョット
9	nove ノーヴェ	19	diciannove ディチャンノーヴェ
10	dieci ディエーチ	20	venti ヴェンティ

＊11から16までは1＋10，17から19までは10＋7といった組み合わせです．

§5　気象の表現

気象に関する動詞 piovere「雨が降る」は，英語の It rains. と同じように3人称単数で piove のように使われます．他の人称・数に応じて活用するわけではなく，このような動詞は非人称動詞と呼ばれます．

　Oggi piove.　今日は雨が降ります．
　Domani nevica.　明日は雪が降ります．
　一般に「天気が〜である」には，動詞 fare の3人称単数が用いられ，次のように言います．
　Fa caldo.　暑い．　Fa freddo.　寒い．
　Fa bel（cattivo）tempo.　天気がよい（悪い）．
　「すばらしい天気だ」は È una bella giornata. です．

§6 不規則な名詞

1. -o で終わる男性名詞のうち，複数で -a になり女性名詞に変わるものがあります．

   uovo m. 卵 → le uova f.

   muro m. 壁 → le mura f. [都市の]城壁

   　ただし「壁」の意味では i muri

   dito m. 指 → le dita f. [集合的に]指

   braccio m. 腕，突き出た部分 → le braccia f. 両腕

   　ただし「突き出た部分」の意味では i bracci

   labbro m. 唇，縁 → le labbra f. 両唇

   　ただし「縁」の意味では i labbri

   　　＊身体の対をなす部分を表わすものが多く，その比喩的な意味で用いられる場合は規則的な複数形が平行して存在します．

2. とくに注意すべきもの

   dio m. 神 → (gli) dei

   bue m. 牡牛 → buoi

   uomo m. 人，男 → uomini

§7 不規則な形容詞

bello「美しい」, buono「よい」, grande「大きな」, santo「聖なる」は，その修飾する名詞の後に置かれるときは一般の形容詞と変わりませんが，名詞の前に置かれる場合には，ことに男性単数形が定冠詞や不定冠詞に類似した語尾変化をしますので(bello は男性複数形も)注意が必要です．

　　（不純な子音の前）　　un *bello* zaffiro　美しいサファイア
　　　　　　　　　　　　begli studi　立派な研究
　　（その他の子音の前）　un *bel* giardino　美しい庭
　　　　　　　　　　　　bei fiori　美しい花

（母音の前）	un *bell'* albero	美しい樹
	begli amici	すばらしい友達
（不純な子音の前）	un *buono* scolaro	よい生徒
（その他の子音の前）	un *buon* ragazzo	よい少年
（母音の前）	un *buon* amico	よい友達
（不純な子音の前）	un *grande* scrittore	大作家
	santo Stefano	聖ステファノ
（その他の子音の前）	un *gran*（*grande*）successo	大成功
	san Francesco	聖フランチェスコ
（母音の前）	un *grande*（*grand'*）uomo	偉人
	sant' Efisio	聖エフィズィオ

＊不規則な形は，語末母音の省略（母音の前で），または語末母音・音節の切捨て（子音の前で）によるものです．

練習問題 7

（解答は p. 168）

A. イタリア語で答えなさい．
　　Che ore sono?
　1. 10時15分です． 　　3. 3時40分です．
　2. 11時50分です． 　　4. 6時半です．

B. イタリア語で答えなさい．
　1. Che giorno è oggi ?
　2. Quanti ne abbiamo oggi ?
　3. In che mese siamo ?
　4. Quale stagione preferisci ?

第8課 接語代名詞，時の表現

基本表現

1. **Conoscete quel professore ?**
   コノッシェーテ クゥエル プロフェッソーレ
   あなた方はあの教授を知っていますか？
   — **Sì, lo conosciamo.**
   スィ ロ コノッシャーモ
   ええ，私たちはあの方（彼）を知っています．

2. **Leggete quella rivista ?**
   レッジェーテ クゥエッラ リヴィスタ
   君たちはあの雑誌を読んでいますか？
   — **No, non la leggiamo.**
   ノ ノン ラ レッジャーモ
   いいえ，私たちはそれを読んでいません．

3. **Dove compri le cravatte ?**
   ドーヴェ コンプリ レ クラヴァッテ
   君はどこでネクタイを買うの？
   — **Le compro in una boutique.**
   レ コンプロ イン ウーナ ブティック
   ぼくはそれらを専門店で買っています．

4. **E per Lei, signore ?**
   エ ペル レーイ スィニョーレ
   で，あなたには？
   — **Per me, un cappuccino e un cornetto per**
   ペル メ ウン カップッチーノ エ ウン コルネット ペル
   favore.
   ファヴォーレ
   私にはカップチーノとクロワッサンをお願いします．

〔語句〕

lo［接語代名詞・3人称単数・男性］それ（彼）を，**rivista** f. 雑誌，**la**

［接語代名詞・3人称単数・女性］ それ(彼女)を，**comprare** 買う，**cravatta** f. ネクタイ，**le**［接語代名詞・3人称複数・女性］ それ(彼女)らを，**boutique** f. ［フランス語］ ブティック(イタリア語では**bottega** f.) 工房，店，**rispondere** 答える，**cappuccino** m. カプッチーノ・コーヒー，**cornetto** m. クロワッサン

§1 接語代名詞と強勢代名詞

		接語代名詞		強勢代名詞
		直接目的	間接目的	直接目的・前置詞のあと
単数	1人称	mi 私を	mi 私に	me 私を
	2人称	ti 君を	ti 君に	te 君を
	3人称 m. f. 敬称	lo 彼・それを la 彼女・それを La あなたを	gli 彼に le 彼女に Le あなたに	lui 彼を lei 彼女を Lei あなたを
複数	1人称	ci 私たちを	ci 私たちに	noi 私たちを
	2人称	vi 君たちを	vi 君たちに	voi 君たちを
	3人称 m. f. 敬称	li 彼ら・それらを le 彼女ら・それらを	*gli* (loro) 彼(女)らに	loro 彼(女)らを Loro あなた方

　接語代名詞には**直接目的**(～を)と**間接目的**(～に)とがあり，普通に用いられる形は単音節で，アクセントをもたず，活用する動詞の直前に置かれ，**動詞と一体となって**発音の際も動詞とともに一気に発せられます．動詞の不定詞や分詞など活用しない形には語尾に接語として加えられ，同じ要領で発音されます．このように文中で**動詞から離れては単独に起**

こり得ない代名詞をとくに**接語代名詞**と呼びます．
　アクセントがなく，動詞に拘束される接語代名詞に対して，アクセントのある，自由な強勢代名詞があります．§4を見て下さい．

§2　接語代名詞の用法

1.　1・2人称では直接目的と間接目的が同形です．

> *Mi* vede.　　　　彼は私を見る．
> *Mi* scrive.　　　彼は私に（手紙を）書く．
> *Ti* ringrazio.　　私は君に感謝する．（＝君を有難く思う．）
> *Ti* scrivo.　　　私は君に（手紙を）書く．

2.　3人称には男性と女性の区別があり，直接目的は人のみでなく物についても用いられます．

> Vedi quel ragazzo ?　　→ *Lo* vedi ?
> あの少年が見えますか？　　彼が見えますか？
> Vedi la mia casa ?　　　→ *La* vedi ?
> 私の家が見えますか？　　　それが見えますか？

次は間接目的の用例です．
Anna chiama Mario, ma lui non sente e non *le* risponde.
アンナはマリオを呼びますが，彼は聞こえないので彼女に返事をしません．

3.　3人称単数の女性形を**敬称**としても用います．書きことばでは一般に語頭を大文字にします．
La ringrazio.　　あなたに感謝します．（＝あなたを有難く思います．）
La saluto.　　　あなたに挨拶いたします．（＝あなたを挨拶の相手にしています．）
Devo ringraziar*La*.　　あなたに感謝しなければなりません．
　　＊不定詞には語末の **-e** を切捨てて接語代名詞を付加します．

4.　3人称複数の間接目的の欄には接語代名詞としての形が存在しないため，強勢代名詞の **loro**（動詞の直後に置かれる）が代用されます．

loroがカッコに入っているのはそのためです．この接語代名詞の空白を補充するためこんにち話しことばでは「彼(女)らに」の意味で3人称単数のgli「彼(女)に」が用いられているのも事実です．
Porto loro una scatola di cioccolatini.
→ *Gli* porto una scatola di cioccolatini.
私は彼らにチョコレートの1箱を持って行きます．

5. 否定文で，否定辞nonが加わっても［接語代名詞＋動詞］という語順は変わらないことに注意しましょう．
Mi scrive.　彼(女)は私に(手紙を)書きます．
Non mi scrive.　彼(女)は私に(手紙を)書きません．

§3 piacere「〜に気に入る」

イタリア語では「誰々は何が好きです」は，自動詞piacere「〜に気に入る」を使って「何は誰々に気に入る」という表現になります．たとえば「私はイタリア料理が好きです」は「イタリア料理」を主語にして，「私」は間接目的の接語代名詞になり，Mi piace la cucina italiana.「イタリア料理は私に気に入る」のように表わされます．

同様に「イタリア映画が好きです」は，

Mi	私	
Ti	君	
Gli piace il cinema italiano.	彼	はイタリア映画が好きです．
Le	彼女・あなた	
Ci	私たち	
Vi	君たち	

主語が複数だと動詞も複数になることに注意．
Mi piacciono gli spaghetti.
私はスパゲッティが好きです．（＝私が好きなのはスパゲッティです．）
主語を動詞の前に置くことも可能ですが，ニュアンスは異なります．
Gli spaghetti mi piacciono.

スパゲッティが私は好きです。（＝スパゲッティは私の好物です。）

前者は何が好きかを相手に伝えるための語順であるのに対し，後者は話題のものが私の好きなものであることを相手に伝えるときの語順と言えます。

§4 強勢代名詞の用法

接語代名詞の強勢形とも言える強勢代名詞は**アクセント**があり，本来の**直接目的の位置**，すなわち**動詞の後**に置かれます。

Io vedo la mamma, ma lei non *mi* vede.
私は母さんを見るのだが，彼女は私を見ません。
　→ Io vedo la mamma, ma lei non vede *me*.
　　私は母さんを見るのだが，彼女は私の方を見ません。

強勢代名詞はまた前置詞 **a** を伴って**間接目的**となります。

Regala un libro *a me* ?
あなたは私に本をプレゼントしてくださるのですか？

さらに，これらの強勢代名詞はさまざまな**前置詞の目的語**として用いられます。

Vengo *con te*. 　私は君と行くよ。
Non posso vivere *senza di te*. 　ぼくは君なしには生きていけません。

§5 接語代名詞の組み合せ[間接目的＋直接目的]

間接目的と直接目的がどちらも接語代名詞で表わされるときは，[誰に・何を]の順に活用する動詞の直前に置かれます。

このような接語代名詞の組み合わせは，たとえば次のような過程で生まれます。

La mamma regala a me il libro.
母さんが私に本を贈る。

La mamma regala il libro a me.
母さんが本を私に贈る。

↳ La mamma *mi* regala il libro.　　↳ La mamma *lo* regala a me.
　　母さんが私に本を贈る．　　　　　　　母さんがそれを私に贈る．
　↳ La mamma *me lo* regala.　母さんが私にそれを贈る．
　ここで注意すべきことは間接目的の **-i** が，直接目的の **l-** の前では **-e** に変わることです．

mi	+	lo	→	me	lo	（regala）
私に		それを		私に	それを	（彼女は贈る）

同様に

mi	+	la	→	me	la
ti	+	li	→	te	li
ti	+	le	→	te	le

さらに gli + lo ⟩
　　　 le + lo → glielo

　gli「彼に」，le「彼女に」はどちらも gli で表わされ，しかも l- で始まる lo, la, li, le の前では -e- で連結されることに注意が必要です．

§6　lo の特殊な用法

　直接目的の接語代名詞 **lo** にはこれまでの用法のほか，先行する文全体あるいは節を指して「そのことを」の意味で中性代名詞のような用法があります．

　　Quest'anno vai in Italia ?　── Non *lo* so.
　　今年はイタリアへ行くの？　　　　分らないわ．
　　Sai a che ora comincia la lezione ?　── Sì, *lo* so.
　　授業が何時に始まるか知ってる？　　　　　ええ，知っています．
　さらに先行する形容詞を指し，その代わりに用いられることもあります．
　　È avaro anche se non *lo* sembra.
　　そうは見えなくとも彼はケチです．

§7 時の表現

「いま」,「すぐに」,「あした」などの表現は副詞で表わし,「5時に」などの表現は一般に前置詞を用いて表わします．

1. 副詞(句)によるもの：

adesso, ora	いま	oggi	きょう
subito	すぐに	ieri	きのう
già	すでに	domani	あした
ancora	まだ	l'altro ieri	1昨日
sempre	つねに	dopo domani	明後日
la settimana prossima 来週		la settimana scorsa 先週	

＊ **adesso** はトスカーナの **ora** に対して，北イタリアから広まったものです．

spesso	しばしば	per sempre	永久に
di solito	普通には	d'ora in poi	今後
qualche volta, ogni tanto	ときには		

2. 主として前置詞によるもの：

nel 2006	2006年に	verso le cinque	5時(前)頃
di(in) primavera	春に	un anno fa	1年前に
il cinque	5日に	da un anno	1年前から
alle cinque	5時に	＊「〜前に」は … fa で表わします．	
di sera	晩に		

＊日付けには前置詞は不用．

in un'ora	1時間で［かけて］
fra un'ora	1時間すると［たつと］
entro due ore	2時間以内に
per quattro ore	4時間(働くなど)
per le sette	7時までに
fra l'una e le due	1時と2時の間に

dall'una alle due　　　　　1時から2時まで
3. 疑問詞によるもの：
　　Quando ... ?　　　　　　いつ～？
　　Quanto tempo ... ?　　　どれくらい（かかりますか）？
　　Per quando ... ?　　　　いつまでに～？

練習問題 8

(解答は p. 168)

A. 次の問いに指示に従って答えなさい．
　1. Che cosa mi offri ?（un gelato）
　2. Che cosa porti ai tuoi amici ?（due bottiglie di vino）
　3. Che cosa compri a Mario ?（un bel regalo）

B. 次の問いに指示に従って接語代名詞を用いて答えなさい．
　1. Aiutate vostro padre ?（Sì, ...）
　2. Compra la macchina ?（No, ...）
　3. Dove pensi di incontrare la signorina ?（a scuola）

C. 強勢代名詞は接語代名詞に，またはその逆に書きかえなさい．
　1. Quando telefoni a me ?
　2. Dico la verità a lui, ma non crede me.
　3. Io vedo lui ma lui non vede me.

第9課 直説法近過去，過去分詞，再帰代名詞と再帰動詞

基本表現

1. **Anche oggi ho studiato l'italiano a scuola.**
   アンケ オッジ オ ストゥディアート リタリアーノ ア スクゥオーラ
   今日も学校で私はイタリア語を学んだのです．

2. **Domenica scorsa sono arrivato a Milano.**
   ドメニカ スコルサ ソーノ アルリヴァート ア ミラーノ
   先週の日曜日に私はミラノへ着きました．

3. **Avete pagato il conto ? ─ Sì, l'abbiamo già pagato.**
   アヴェーテ パガート イル コント スィ ラッピアーモ ジャ パガート
   あなた方は勘定を支払ったのですか？ ─ええ，私たちはもう支払いました．

4. **Ho finito il mio lavoro, ora mi riposo.**
   オ フィニート イル ミーオ ラヴォーロ オーラ ミ リポーゾ
   私は仕事を終えましたのでこれから休憩です．

5. **Lei, come si chiama ? ─ Mi chiamo Sabina.**
   レーイ コーメ スィ キアーマ ミ キアーモ サビーナ
   あなたは（お名前は）何とおっしゃいますか？ ─私はサビーナです．

6. **Non si vive di solo pane.**
   ノン スィ ヴィーヴェ ディ ソーロ パーネ
   人はパンのみにて生くるにあらず．

〔語句〕

studiato < **studiare**「勉強する」の過去分詞，**scorso** 過ぎ去った，この前の，**arrivato** < **arrivare**「到着する」の過去分詞，**pagato** < **pagare**「支払う」の過去分詞，**conto** m. 勘定，**finito** < **finire**「終

える」の過去分詞，**riposarsi**［再帰動詞］休息する，**chiamarsi**［再帰動詞］名前である，**vivere** 生きる，**di solo pane** パンだけで

§1　直説法近過去

近過去は**助動詞（avere または essere）の現在形**に**本動詞の過去分詞**を加えて作られる現在完了です．

mangiare 食べる		andare 行く	
ho mangiato	私は食べた	sono andato(a)	私は行った
hai mangiato	君は食べた	sei andato(a)	君は行った
ha mangiato	彼は食べた	è andato(a)	彼(女)は行った
abbiamo mangiato	私たちは食べた	siamo andati(e)	私たちは行った
avete mangiato	君たちは食べた	siete andati(e)	君たちは行った
hanno mangiato	彼らは食べた	sono andati(e)	彼(女)らは行った

近過去は**現在の時点で動詞の表わす行為が完了していること**を表わします．したがって本来は過去の行為の結果が現在にまで及んでいるわけですが，こんにち話しことばでは単なる過去を表わし，遠過去(cfr. 第17課)と同じ働きをします．

助動詞としては原則として**他動詞には avere, 自動詞には essere** なのですが，自動詞のうち essere をとるのはことに往来発着を表わす動詞（andare「行く」, venire「来る」など）のほか，nascere「生まれる」, rimanere「留まる」などの動詞に限られています．それ以外は自動詞であってもたとえば camminare「歩く」には avere です．辞典には動詞ごとにいずれの助動詞をとるかが指示されています

　　＊自動詞 piovere「雨降る」には助動詞は essere とするのが規範でしたが，こんにちでは avere を用いることもあります．

助動詞 **essere** を要求する自動詞には次のようなものがあります．

andare	行く	salire	登る
arrivare	着く	scendere	降りる
diventare	…になる	sembrare	見える
entrare	…に入る	stare	…でいる
essere	…である	tornare	帰る
nascere	生まれる	uscire	出る
partire	出発する	venire	来る
rimanere	留まる		

§2 過去分詞

過去分詞は第1活用(-are)動詞では語根に -ato，第2活用(-ere)動詞では -uto，第3活用(-ire)動詞では -ito を加えて作られます．

	不定詞		過去分詞
第1活用動詞	**amare**	愛する	→ **amato**
第2活用動詞	**sedere**	座る	→ **seduto**
第3活用動詞	**capire**	理解する	→ **capito**

不規則な過去分詞

aprire 開く → aperto　　　　leggere 読む → letto
chiudere 閉める → chiuso　　prendere 取る → preso
decidere 決める → deciso　　rimanere 留まる → rimasto
dire 言う → detto　　　　　　scrivere 書く → scritto
esprimere 表わす → espresso　spegnere 消す → spento
essere …である → stato　　　vedere 見る → visto (veduto)
fare なす → fatto　　　　　　vincere 勝つ → vinto

助動詞 essere をとる近過去は，過去分詞を主語の性と数に一致させます．

sono arrivata　私(f.)は着きました．
siamo arrivati　私たち(m.)(m.・f.)は着きました．
siamo arrivate　私たち(f.)は着きました．
　　＊念のため男性複数は男性のみの集団または男性と女性の混合集団ですが，女性複数は女性のみの集団となります．

助動詞 avere の前では直接目的の接語代名詞(単数形のみ)の語尾を(ことに3人称では)省略することが出来ます．
　L'hai visto ?　君は彼を見たかい？
　L'hai vista ?　君は彼女を見たかい？
　　＊この場合過去分詞は原則として接語代名詞の性と数に一致します．その結果 lo, la の本来の性の区別が過去分詞の語尾で代行されることになります．

§3　過去分詞の用法

　過去分詞は近過去や受動構文(cfr. 第18課)を作るほか，動作の完了を表わす形容詞として次のように名詞を修飾したり，分詞構文を作る働きをもっています．
　L'uomo politico *espulso* ieri dal suo partito ….
　昨日所属する党から追放された政治家は…
　　＊ espulso ＜ espellere　「追放する」の過去分詞．
　Appena *arrivato* lì, mi sono venuti in mente i vecchi tempi.
　そこに到着するなり私には昔のことが蘇った．

§4　再帰代名詞と再帰動詞

　イタリア語では「私は目が覚めます」は mi sveglio「私は私自身を目覚めさせる」と言います．
　他動詞 svegliare「目覚めさせる」はありますが，自動詞「目が覚める」に当たる単語がないためです．このように主語と同じ人称と数で「自分自身を(に)」の意味で用いられる直接目的または間接目的の接語代名詞

は(接語)**再帰代名詞**と呼ばれます．イタリア語では1人称と2人称では接語代名詞がそのまま再帰代名詞としても使われます．

		(接語) 再帰代名詞		(強勢) 再帰代名詞
		直接・間接目的		直接目的・前置詞のあと
単数	1人称	mi	私自身	me
	2人称	ti	君自身	te
	3人称	**si**	彼(女)自身 あなた自身	**sè**
複数	1人称	ci	私たち自身	noi
	2人称	vi	君たち自身	voi
	3人称	**si**	彼(女)ら自身 あなた方自身	**sè**

ところが3人称では専用の形 **si** (単複同形) が直接目的あるいは間接目的として用いられます．

si sveglia　　彼(女)は目が覚める．

si svegliano　　彼(女)らは目が覚める．

si compra una cravatta　　彼は自身のためにネクタイを買う．

再帰代名詞を要求する動詞は**再帰動詞**と呼ばれ，3人称専用の形 si を不定詞(語末の e を取って)に付加し，たとえば sposarsi「結婚する」のように示されます．

なお再帰代名詞の強勢形としても1人称と2人称では me, te などがそのまま使われますが，3人称は専用の形 **sè** (単複同形) です．よく stesso で補強されます(その場合 sè＞se が普通)．

Penso a me stesso.　　私は私自身のことを考えます．

Pensa sempre a se stesso.　　彼はいつも彼自身のことを考えている．

ここで再帰動詞の近過去は，助動詞が essere であることに注目しておきましょう．

L'anno scorso mi sono sposata.　　昨年私(f.)は結婚しました．

＊なお「私(f.)は結婚しています」は Sono sposata です．

§5　再帰動詞の特殊な場合

1.　複数形の再帰代名詞は，「お互いに～する」という**相互的**な意味を生ずる場合があります．
　　Ci scriviamo!　お互いに手紙を書きましょう！
　　Ci sentiamo!　お互いに連絡をとりましょう！
2.　再帰動詞は，普通 svegliarsi「目覚める」のように他動詞 svegliare「目覚めさせる」と並んで用いられているものですが，なかにはわずかですが accorgersi「～に気付く」, vergognarsi「～を恥じる」のように再帰動詞としてしか用いられないものがあります．これらは**代名動詞**と呼ばれています．
　　Non me ne sono accorto.　私はそれに気付かなかった．
　　Mi vergogno di ciò che ho detto.　私は自分が言ったことを恥じています．

§6　si の非人称的用法

例文 6 のように再帰代名詞の **si** は行為者を特定せず，非人称的に「人は(一般に)」の意味で英語の **one**，フランス語の **on** のように主語としての働きをすることもできます (cfr. 不定代名詞 uno「ある人」)．この場合原則として動詞は 3 人称単数になります．

> si＋自動詞：In campagna *si* va a letto presto.
> 　　　　　　田舎では床につくのが早い．
> si＋他動詞：In Giappone *si* mangia il pesce crudo.
> 　　　　　　日本では刺身を食べます．

＊他動詞の場合その目的語が主語に近い働きを担って一種の受身構文のような印象を受けます．目的語が複数だと動詞もその影響で複数形に置かれるため

です．In Italia si mangiano tanti spaghetti.「イタリアではたくさんのスパゲッティが食べられます」．しかし文法上はあくまで動詞の目的語に留まり，主語ではないことがこれを代名詞にすると直接目的の接語代名詞となることで十分お分りいただける筈です．

　＊この種の構文では，動詞の補語となる形容詞は男性複数形に置かれることに注意．

　　Se si è *stanchi*，non si può lavorare. 疲れていると働けません．

> si＋再帰動詞：In campagna *ci* si alza presto la mattina.
> 田舎では朝起きるのが早い．

3人称の再帰動詞の前では非人称のsiはciで表わされます．

§7　語末母音の省略

　2語に跨って母音が接触するとき，語末のアクセントのない母音は省略されます．省略符号(')が用いられ，区切らずに全体で1語のように読まれ(発音され)ます．

　義務的とは言えない場合もありますが，普通以下のような場合には省略されます．

1. 冠詞など限定詞の単数形で
   una isola → un'isola　ある(ひとつの)島
   questo anno → quest'anno　今年
   quello albero → quell'albero　あの樹
2. 前置詞や接語の一部で
   di＋Italia → d'Italia　イタリアの
   lo＋ho → l'ho　私はそれを持っている
   si＋impara → s'impara　人は学ぶ
   ci＋è → c'è　～がある

練習問題 9

(解答は p. 169)

A. カッコ内の動詞を近過去に直しなさい．
1. Noi (studiare) bene la grammatica italiana.
2. Voi (capire) la lezione di oggi perfettamente ?
3. Il treno (partire) da Roma con un'ora di ritardo.
4. Laura (incontrare) un'amica e insieme (entrare) in un ristorante.
5. Bentornato, come (andare) il viaggio in Italia ?
    — Bene, grazie！Purtroppo (già「すでに」finire)！

B. カッコ内の動詞を指示に従って現在形で言いなさい．
1. ([io] svegliarsi) ogni mattina alle sette.
2. Prima di mangiare, ([io] lavarsi) le mani.

C. 次の問いに各自答えなさい．
Come si chiama Lei ?

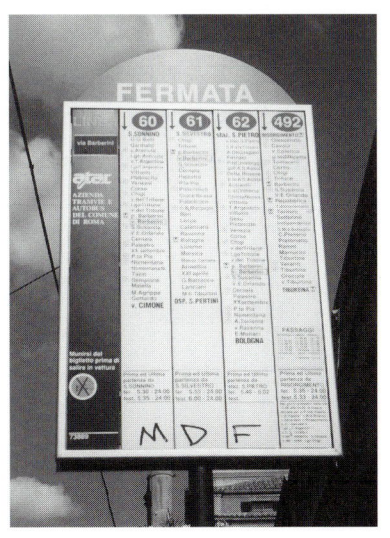

Roma 市内

第10課 直説法半過去，場所の表現

基本表現

1. Tu guardavi la televisione ma io leggevo un libro.
   トゥ グゥアルダーヴィ ラ テレヴィズィオーネ マ イーオ レッジェーヴォ ウン リーブロ
   君はテレビを見ていたが，ぼくは本を読んでいたよ．

2. Anche se non pioveva, è uscito con l'ombrello.
   アンケ セ ノン ピオヴェーヴァ エ ウッシート コン ロンブレッロ
   雨が降ってはいなかったが，彼は傘を持って出かけた．

3. Da giovane andavo in chiesa ogni domenica.
   ダ ジョーヴァネ アンダーヴォ イン キエーザ オッニ ドメニカ
   若いとき私は毎日曜日に教会へ行っていました．

4. Volevo un chilo di uva.
   ヴォレーヴォ ウン キーロ ディ ウーヴァ
   私はブドウを1キロいただきたいのですが．

〔語句〕

guardare 眺める，**televisione** f. テレビ，**anche se ...** たとえ～でも，**uscito** < **uscire**「外出する」の過去分詞，**ombrello** m. 傘，**da giovane** 若い頃，**andare in chiesa** 教会へ行く，**chilo** m. キログラム，**uva** f. ブドウ

§1 直説法半過去

半過去は不定詞の語尾 -re を取り，-v- で始まる次の語尾を付けて作られます．

	単数	複数
1人称	-vo	-vamo
2人称	-vi	-vate
3人称	-va	-vano

第1活用動詞 guardare 眺める	第2活用動詞 leggere 読む	第3活用動詞 dormire 眠る	不規則動詞 essere 〜である
guardavo	leggevo	dormivo	ero
guardavi	leggevi	dormivi	eri
guardava	leggeva	dormiva	era
guardavamo	leggevamo	dormivamo	eravamo
guardavate	leggevate	dormivate	eravate
guardavano	leggevano	dormivano	erano

essere を例外として半過去はすべての動詞が規則的ですので，イタリア語動詞活用のなかでもっとも秩序ある部分と言えます．

　　＊ fare, dire などはラテン語に由来する語幹にもとづき第2活用動詞として facevo …, dicevo … のように活用します．

なお**アクセント**はテーマ母音(-are 動詞なら -a-)の上にありますが，語尾が -mo と -te に終わる場合はその直前に置かれます．

§2　直説法半過去の用法

半過去は過去における**未完了の継続的な行為**あるいは**反復(習慣)的な行為**を表わすのに用いられます．これに対し過去における完了した行為には近過去(書きことばでは遠過去)を用います．

比喩的に半過去は**線の過去**，近過去(遠過去)は**点の過去**と言えます．

Quando sei venuto a casa mia, *ero* dal barbiere.
君がぼくの家に来たとき，ぼくは床屋にいたのです．

　この例で **sei venuto**「君が来た」は点の過去（完了）であるのに対し，**ero**「ぼくはいた」は線の過去（未完了）を表わしています．

　また話しことばでは **volevo**「〜したいと思っていたのですが」といった表現で要求を和らげる手段としても用いることができます（例文 4 ）．

　　＊なお，書きことばでは次のように歴史的現在の強力な手段としても用いられます．

　Nel 1968 scoppiava la contestazione studentesca.
1968 年には学生紛争が起こりました．

§3　数詞－基数（21以上）

99 までは 10 の位と 1 の位を次のように合成します．

21	ventuno ヴェントゥーノ	40	quaranta クゥアランタ
22	ventidue ヴェンティドゥーエ	50	cinquanta チンクゥアンタ
23	ventitrè ヴェンティトゥレ	60	sessanta セッサンタ
24	ventiquattro ヴェンティクゥアットロ	70	settanta セッタンタ
25	venticinque ヴェンティチンクゥエ	80	ottanta オッタンタ
29	ventinove ヴェンティノーヴェ	90	novanta ノヴァンタ
30	trenta トゥレンタ	100	cento チェント

100 からは次のように合成します．

　101　centouno
　　　　チェントウーノ

　102　centodue
　　　　チェントドゥーエ

　130　centotrenta
　　　　チェントトゥレンタ

200　duecento
　　ドゥエチェント

500　cinquecento
　　チンクエチェント

567　cinquecentosessantasette
　　チンクエチェントセッサンタセッテ

1000　mille
　　ミッレ

　＊組み合わせる際に，venti「20」，trenta「30」などの語末の母音は，uno「1」とotto「8」の前では切り捨てられることに注意．

　　venti＋uno　→　ventuno　21
　　venti＋otto　→　ventotto　28

mille「千」の複数形は mila です．

2千　duemila
　　ドゥエミーラ

1万　diecimila
　　ディエーチミーラ

なお milione「百万」，miliardo「十億」は数詞ではなく名詞です．「200万の住民」は due milioni di abitanti と表現されます．

　＊ zero「ゼロ」も数詞ではなく，名詞として用いられます．

§4　数詞―序数

1°　primo
　　プリーモ
2°　secondo
　　セコンド
3°　terzo
　　テルツォ
4°　quarto
　　クゥアルト
5°　quinto
　　クゥイント
6°　sesto
　　セスト
7°　settimo
　　セッティモ

8°　ottavo
　　オッターヴォ
9°　nono
　　ノーノ
10°　decimo
　　デーチモ
11°　undicesimo
　　ウンディチェーズィモ
12°　dodicesimo
　　ドディチェーズィモ
13°　tredicesimo
　　トゥレディチェーズィモ
14°　quattordicesimo
　　クゥアットルディチェーズィモ

15°	quindicesimo クゥインディ**チェー**ズィモ		21°	ventunesimo ヴェントゥ**ネー**ズィモ
⋮			30°	trentesimo トゥレン**テー**ズィモ
20°	ventesimo ヴェン**テー**ズィモ		100°	centesimo チェン**テー**ズィモ

＊11°以上は語幹に -esimo を加えて形成されます．

　序数詞は通常名詞の前に置かれますが，習慣上後に置かれる場合もあります(cfr. §5)．その修飾する名詞の性と数に一致します．

　　　il primo giorno　　　　　最初の日
　　　la seconda strada　　　　2番目の通り

　　　＊数字の右肩の °は女性では ªとなり，たとえば「第3課」は 3ª lezione のように表わされます．

序数詞の周辺にある次のような語にも注目しておきましょう．

　　　prossimo 次の，**ultimo** 最後の，**altro** 別の
　　　プ**ロッ**スィモ　　　　**ウ**ルティモ　　　　　**ア**ルトゥロ

§5　数詞の用法

基数：

　　　i sette samurai　　　　　7人のサムライ
　　　i vostri due figli　　　　お宅の2人のお子さん
　　　Due e tre fanno cinque.　　2 + 3 = 5
　　　centodieci euro　　　　　€ 110

序数：

　　　i miei primi dieci giorni　私の最初の10日間
　　　capitolo III　　　　　　　第3章
　　　Paolo II　　　　　　　　　パウルス2世
　　　un terzo ＝ ⅓　　　　　　3分の1

　　　＊序数を用いた il secolo XIII「13世紀」から il secolo XX「20世紀」までの表現には，il Duecento「13世紀」，il Novecento「20世紀」(mille「千」を省略し，大文字で始める) といった基数を用いた表現も同時に存在します．

§6 場所の表現

1. 副詞(句)によるもの：

qui, qua	ここに	a destra	右に
lì, là	あそこに	a sinistra	左に
sopra	上に	vicino	近くに
dentro	中に	lontano	遠くに
sotto	下に	davanti	前に
fuori	外に	dietro	後ろに
dappertutto	いたるところに	avanti	先に

2. 前置詞によるもの：

a Roma	ローマで	per Roma	ローマへ(出発する)
in Italia	イタリアで	per l'Italia	イタリアへ(出発する)
a(in) casa	家に	dalla zia	叔母のところへ(行く)
di casa	家から(出る)		

　　＊ dalla casa di Mario　マリオの家から(出る)

sulla scrivania	机の上に
sotto la tavola	テーブルの下に
da Firenze a Bologna	フィレンツェからボローニャまで
fra Milano e Venezia	ミラノとヴェネツィアの間

3. 疑問詞によるもの：

Dove … ?	どこに

練習問題 10

(解答は p. 169)

A. 動詞を半過去に置きかえなさい．
　1．Mentre canto, tu mi accompagni con la chitarra.
　2．Mentre lavoro, tu guardi la televisione.

B. 動詞を適当な過去時制に置きかえなさい．
　1．Mentre prendiamo il caffè, suona il telefono.
　2．Mentre preparo il pranzo, tu apparecchi la tavola.

C. 文中の不定詞を適当な形に直しなさい．
　1．Poiché *annoiarsi* in casa da solo, ieri sera *andare* al cinema ITALIA, dove *esserci* un film con Marcello Mastroianni.

三大文豪の記念切手

Roma：パンテオンに葬られている祖国の父
ヴィットリオ・エマヌエーレ2世

第11課 接語 ci(＝vi), ne, 方法などの表現

基本表現

1. **A che ora arriviamo a Roma ?**
   ア(ッ) ケ オーラ アッリヴィアーモ ア ローマ
   私たちは何時にローマに着きますか？
   — **Ci arriviamo alle undici.**
   チ アッリヴィアーモ アッレ ウンディチ
   そこには11時に着きます．

2. **Pensi ai tuoi difetti ?**
   ペンスィ アイ トゥオイ ディフェッティ
   君は君の欠点のことを考える？
   — **Ci penso poco, per dire la verità.**
   チ ペンソ ポーコ ペル ディーレ ラ ヴェリタ
   実を言えばそのことはほとんど考えないね．

3. **Quanti allievi ci sono in questa classe ?**
   クゥアンティ アッリエーヴィ チ ソーノ イン クゥエスタ クラッセ
   このクラスには何人生徒がいますか？
   — **Ce ne sono venti.**
   チェ ネ ソーノ ヴェンティ
   それは20人です．

4. **Parlano di politica ?**
   パルラノ ディ ポリティカ
   彼らは政治について話すのですか？
   — **Sì, ne parlano sempre.**
   スィ ネ パルラノ センプレ
   ええ，いつもそれについて話しています．

〔語句〕

allievo m. 生徒, **difetto** m. 欠点, **per dire la verità** 実を言えば, **politica** f. 政治

§1 接語 ci (=vi)

　ci (=vi) は，「私たちを・に」(vi は「君たちを・に」) の意味で接語代名詞としてすでに出ましたが，同じ形式が前置詞 (**a, in** など) ＋名詞からなる前置詞句に代わって「そこへ・それについて」の意味で副詞的な役割を果たします．なお vi は書きことばに限って用いられるものです．一般の接語代名詞と同じ要領で用いられ，動詞とともに一気に発音されます．

Vai *a Milano* ?　　　　　　　— Sì, *ci* vado.
君はミラノへ行きます？　　　　　ええ，そこへ行きます．

Vai *in Italia* ?　　　　　　　— Sì, *ci* vado.
君はイタリアへ行くの？　　　　　ええ，そこへ行きます．

Stai *a casa* oggi?　　　　　— No, non *ci* sto.
君はきょう家にいる？　　　　　　いいえ，いません．

Cosa metti *nell'insalata* ?　— *Ci* metto l'olio.
君はサラダに何を入れます？　　　そこに油を入れます．

Credi *alle mie parole* ?　　— Sì, *ci* credo.
君はぼくのことばを信用するかい？　そう，信用するよ．

Credo *in Dio*.　　　　　　　— *Ci* credo.
私は神(の存在を)を信じます．　　それを信じます．

　次のように前置詞句が同じ文のなかで接語で繰り返されることもあります．

　Per questa strada non *ci* passa nessuno.
　この道はそこは誰も通りません．

　場所を指すことが多い ci は，**essere** と結合して「～がある」を意味します．**c'è ... , ci sono ...** は重要な構文です[例文 3]．

　Ci sono ancora molte cose da fare.
　まだなすべきことが沢山あります．

　「～が必要だ」を表わす **ci vuole ... , ci vogliono ...** もよく使われます．

　Quanto tempo *ci vuole* per arrivare a Cuneo ? — Per arrivarci *ci vogliono* circa tre ore da qua.

クーネオに着くにはどれくらい時間がかかりますか？ そこへ着くにはここからはおよそ3時間かかります．

話しことばですが，慣用的なものとして動詞 avere「持っている」とともに用いられる ci があります．

Hai il biglietto ?　　　　　— Sì, *ce* l'ho.
君は切符を持っている？　　　　ええ，私はそれを持っています．

　　＊ ci は l-, n- の前では ce となることに注意．mi, ti などが同じ位置で me, te などになったことを思い出して下さい．

§2　接語 ne

ne「それについて」は前置詞 di に導かれた名詞に代わって動詞の副詞的な接語として用いられます．例文4では ne が di politica「政治について」を受けています．以下イタリック体の部分が ne に代わるプロセスに注目して下さい．

> Ti ringrazio *del dono*.　　→　Te *ne* ringrazio.
> 君に贈り物について感謝します．　君にそれを感謝します．
>
> Ho bisogno *del libro*.　　→　*Ne* ho bisogno.
> 私はその本が必要です．　　　私はそれが必要です．

同様に前置詞 di を含む部分冠詞＋名詞，あるいは数量詞＋名詞も ne で受継がれます．

Ci sono *dei fiori* in giardino ?　— Sì, ce *ne* sono tanti.
庭には花がありますか？　　　　　　ええ，たくさんあります．
Ha *del pane* ?　　　　　　　　　— No, non *ne* ho più.
パンはありますか？　　　　　　　　いいえ，もうありません．
Quanti *fratelli* hai ?　　　　　　— *Ne* ho due.
兄弟は何人ですか？　　　　　　　　2人です．

　　＊ ne は前置詞 da に導かれた名詞に代わって「そこから」を表わすものでもあったことに注目しておきましょう．

Sei stato *a scuola* ?　　— Sì, *ne* torno ora. (ne＝da scuola)
学校へ行ったの？　　　　　ええ，いまそこから戻る(った)ところです．

§3 接語の位置についての注意

　これらの接語は動詞の非定形にはその後に付加されて1語のように綴られますが、様態の動詞とともに用いられる場合には2通りの語順が可能です。

Vuoi tornare *a casa* ?　　　　　— Sì, voglio tornar*ci*.
君は家へ戻りたいですか？　　　　　ええ、そこに戻りたいです。
　　　　　　　　　　　　　　　　Sì, *ci* voglio tornare.

Vuoi parlare di sport ?　　　　　— Sì, voglio parlar*ne*.
君はスポーツについて話したいですか？　ええ、それは話したいですね。
　　　　　　　　　　　　　　　　Sì, *ne* voglio parlare.

　＊接語が様態の動詞の前に置かれるときは様態の動詞＋主動詞が**再構成**されて密接に結合し、単一の動詞のような働きをしていると解釈することができます。接語代名詞についても同様です。cfr. 第14課§6．

§4 方法, 手段, 材料などの表現

1. 副詞（句）によるもの：

bene	よく	sì	はい
male	悪く	no	いいえ
molto	非常に	forse	多分
poco	わずかに	a poco a poco	少しずつ
tanto	とても	man mano(＝a mano a mano) だんだん	
troppo	余りに	a stento	やっと
tutto	すべて	apposta	わざと
presto	はやく		
adagio	ゆっくりと		

2. 前置詞によるもの：

a piedi　　徒歩で　　　　con la mano　　手で（食べるなど）

in macchina	車で	per telefono	電話で
in treno	列車で	per via aerea	航空便で
con il treno	列車で(たとえば車ではなく)		
a chiave	鍵で		
di nailon	ナイロン製の		
a Marisa	マリーザに		
in Kimono	着物を着た		

 ＊ cfr. 第4課.

3. 疑問詞によるもの：

Come … ?	どのように，いかに		
Quanto … ?	いくら，いくつの		
Quale … ?	どの，いずれの		
A che cosa … ?	何に	Con che cosa … ?	何で(手段)
Per che cosa … ?	何のために	Di che cosa … ?	何で(材料)
A chi … ?	誰に		
Per chi … ?	誰のために		
Con chi … ?	誰と		

§5 語末母音・音節の切捨て

　語末のアクセントのない母音あるいは音節が，**子音で始まる語の前で落ちる現象を切捨て**と呼んでいます．

　次のように2つの語が密接に結び付いているときにみられます．

1. 不定詞＋接語代名詞または接語 ci, ne

  vedere ＋ lo → vederlo　彼(それ)を見ること
  parlare ＋ ne → parlarne　それについて話すこと

2. 肩書き(称号)の名称＋固有名詞

  signore Yamada → signor(＝sig.) Yamada　山田さん
  dottore Bianchi → dottor(＝dott.) Bianchi　ビアンキ学士

3. 不規則な形容詞＋名詞

> grande canale → gran canale　大運河

＊たとえば un bel dì「ある晴れた日に」における bel は bello が切捨てを受けた結果なのです．

4. 現代語では義務的ではないが，-ne, -le, -re に終わる語は切捨てを受ける傾向にあります．

> bene cotto → ben cotto　よく調理された
> male di testa → mal di testa　頭痛
> il Mare Nero → il Mar Nero　黒海

練習問題 11

（解答は p. 169）

A. 接語 ci または ne を用いて答えなさい．
1. Vai spesso al cinema ?
2. Quanti mesi ci sono in un anno ?
3. Parlate di politica ?

B. イタリア語で言って下さい．
1. イタリアへ行きたいですか？　― ええ，行きたいです．
2. あの道を通るのですか？　― ええ，毎日そこを通ります．
3. 兄弟はいらっしゃいますか？　― ええ，2人です．

第12課 進行形, ジェルンディオ, 命令形

基本表現

1. Sto leggendo un libro interessante.
    スト　レッジェンド　ウン　リーブロ　インテレッサンテ
   私は興味ある本を読んでいます．

2. L'appetito viene mangiando.
   ラッペティート　ヴィエーネ　マンジャンド
   食欲は食べてるうちに出て来るものです．

3. Se hai fame, mangia dei biscotti.
   セ　アイ　ファーメ　マンジャ　デイ　ビスコッティ
   お腹が空いていたら，ビスケットを食べなさい．

4. Anche se hai fame, non mangiare troppo.
   アンケ　セ　アイ　ファーメ　ノン　マンジャーレ　トゥロッポ
   お腹が空いていても，食べ過ぎないように．

5. Andiamo a fare una passeggiata.
   アンディアーモ　ア　ファーレ　ウーナ　パッセッジャータ
   散歩しに行きましょうよ．

〔語句〕

leggendo＜**leggere**「読む」のジェルンディオ，**appetito** m. 食欲，**mangiando**＜**mangiare**「食べる」のジェルンディオ，**fame** f. 空腹，**biscotto** m. ビスケット，**troppo** あまりに，**passeggiata** f. 散歩

§1　進行形：stare ＋ ジェルンディオ

動詞の表わす行為にはすでにある程度の継続性はありますが，とくに進行中であることを伝えるために助動詞 stare＋主動詞のジェルンディオが用いられます．scrivo が単に「私は手紙を書きます」を意味するの

に対して，sto scrivendo は「私は手紙を書いているところです」を意味します。

§2 ジェルンディオ

ジェルンディオは，動詞の語根に第1活用動詞では **-ando**，第2・3活用動詞では **-endo** を付け加えて作られます。

第1活用動詞	parlare	話す	→ parlando
第2活用動詞	scrivere	書く	→ scrivendo
第3活用動詞	salire	登る	→ salendo

ジェルンディオはすべて語根から（dire, fare の語根はそれぞれ dic-, fac- です）規則的につくられます。

avere	持っている		→ avendo
essere	〜である		→ essendo
fare (＜facere)	する		→ facendo

Sto aspettando l'autobus.　私はバスを待っているところです。
Cosa *stai facendo* ?　君は何をしているの？

なお，ジェルンディオの完了形は，完了の助動詞 avere のジェルンディオに本動詞の過去分詞を加えて作られます。

Avendo finito il mio lavolo, vengo con te.
ぼくはぼくの仕事を終えたら，君と行くよ。

§3 ジェルンディオの用法

進行形［例文1］のほか，ジェルンディオは英語で言う分詞構文［例文2］を作ります。

Mi annoio, *guardando* la TV.　私はテレビを見ると退屈します。
Mi annoiavo, *guardando* la TV.　私はテレビを見ると退屈していました。

Sbagliando s'impara.　　　　　間違うことで人は学ぶものです．

さらに **stare**＋ジェルンディオにおける stare に代わって andare や venire も用いられます．

Molte specie di animali selvatici *vanno scomparendo*.
多くの種類の野生動物が消滅しています．［事柄が順に進行する様子］

La barca *si veniva approssimando* alla riva.
船は岸(のこちら側)へ近づいていた．

接語は進行の助動詞 stare にもジェルンディオにも付くことができます．進行の助動詞の前に置かれる場合は，助動詞＋ジェルンディオが単一の動詞に近い働きをしているためと考えられます．

Ti sto aspettando.　Sto aspettando*ti*.　　君を待っているところです．

　　＊ジェルンディオが名詞になったものに laureando「大学卒業予定者」，tagliando「切符の半券，クーポン」などがあります．

§4　命令形

命令形は，命令を発する手段ですが，勧告から脅迫あるいは禁止までの領域を含んでいます．1人称単数は存在しません．**命令形の語尾は，2人称単数(tu)に対しては，第1活用動詞では -a，第2・3活用動詞では -i．**

| mangiare | 食べる | → mangia |
| prendere | 取る | → prendi |

2人称複数(voi)に対しては，直説法現在の2人称複数の語尾と同じ．

mangiare	食べる	→ mangiate
prendere	取る	→ prendete
sentire	聞く	→ sentite

なお，「〜しましょう」には1人称複数形(直説法現在の語尾と同じ)が用いられます．

Andiamo！ 行きましょう！ さあ，はりきって！
Diciamo！ 言いましょう．

否定の命令形は non を前に置き，2人称単数では不定詞に戻ることに注意．

Piangi pure！ どうぞ泣きなさい． *Non piangere*！ 泣かないで．
Va' via e *non tornare* più！ （君）行ってしまってもう帰って来ないで！
Andate via e *non tornate* più！ （君たち）行ってしまってもう帰って来ないで！

接語は，非定形(不定詞など)に結合するときと同じく，命令形にも後に付けられます．

porta + me lo → porta*melo* 私にそれを持って来て．

2人称単数(tu)に対する命令でも per favore (piacere)「どうぞ」を付けて用いると和らいだものになります．

Per favore，portami l'elenco. お願い，名簿を持って来て．

§5 不規則な命令形

		2人称単数	2人称複数
essere	〜である	sii	siate
avere	持っている	abbi	abbiate
andare	行く	va'(vai)	
dare	与える	da'(dai)	
dire	言う	di'	
fare	なす	fa'(fai)	
stare	〜でいる	sta'(stai)	
uscire	出る	esci	uscite

＊カッコ内はトスカーナ方言です．di' のように省略符号を付けた形は接語が加わるときその語頭子音を2重化させます．

di' + me lo → di*mmelo* 私にそれを言いなさい．

§6 丁寧な命令

敬称の Lei「あなた」，Loro「あなた方」に対しては本来の命令形は存在しません．しかし接続法現在(cfr. 第19課)の3人称の形がその代わりに用いられます．第1活用動詞の語尾は -a ではなく -i，第2・3活用動詞の語尾は -i ではなく -a．

tu, parla !	→ Lei, *parli* !	話して下さい！
tu, scrivi !	→ Lei, *scriva* !	書いて下さい！
tu, senti !	→ Lei, *senta* !	聞いて下さい！

Loro に対しては，接続法現在に頼らないで voi に対する本来の命令形を敬称としても用いることができます．

否定の命令形は，すぐ前に non を置きますが，この接続法現在に由来する丁寧な命令形は不定詞に戻ることはありません．また接語は動詞の前に来ます．

(non) *me lo* porti　私にそれを持って来て(持って来ないで)下さい．

＊念のため接語は本来の命令形には後に付加されます．

練習問題 12

(解答は p. 169)

A. 次の文を進行形に直しましょう．
1. Faccio un compito.
2. Studiate la grammatica italiana.
3. Prendono un gelato.

B. 指示にしたがってカッコ内の動詞を命令形に直しましょう．
1. Fa caldo, ([tu] aprire) la finestra.
2. C'è corrente, ([Lei] chiudere) la porta.
3. Se ha fretta, ([noi] chiamare) un tassì.

Roma：終着駅のプラットホーム

Cosenza から登山電車で Camigliatello へ

第13課 比較構文, 間投詞, 感嘆文

基本表現

1. a. Gianni è più alto di Antonio.
   ジャンニ エ ピウ アルト ディ アントニオ

   ジャンニはアントニオよりも背が高い.

   b. Antonio è meno alto di Gianni.
   アントニオ エ メーノ アルト ディ ジャンニ

   アントニオはジャンニほどに背が高くない.

2. È più facile spendere che guadagnare.
   エ ピウ ファーチレ スペンデレ ケ グゥアダニャーレ

   稼ぐより費やす方が易しい.

3. Mio fratello è tanto alto quanto me.
   ミーオ フラテッロ エ タント アルト クゥアント メ

   ぼくの弟はぼくと同じくらい背が高い.

4. Per me l'Italia è il paese più bello del mondo.
   ペル メ リタリーア エ イル パエーゼ ピウ ベッロ デル モンド

   私にとってイタリアは世界中で一番美しい国です.

5. 《Sei bellissima》, ho detto a Lucia.
   セイ ベッリッスィマ オ デット ア ルチーア

   《君はとても美しい》と私はルチーアに言いました.

〔語句〕

alto 高い, **più** より多く, **meno** より少なく, **spendere** 使う, 費やす, **guadagnare** もうける, **tanto** それほどに, **quanto** 〜と同じくらい, **bellissimo** とても美しい, <bello「美しい」の絶対最上級, **detto**<dire「言う」の過去分詞

§1 形容詞の比較級

　品質形容詞の比較級は語尾変化ではなく，優等比較級には più「より多く」を，劣等比較級には meno「より少なく」を前に置きます．なお同等比較級は tanto (così) ～quanto (come)「同じほどに～」で表わします．

　Mario è *più intelligente* di Gino.　マリオはジーノよりも賢い．
　Mario è *meno intelligente* di Gino.　マリオはジーノほど賢くない．
　Mario è (*così*)*intelligente come* Gino.　マリオはジーノと同じくらい賢い．

　「～よりも」は比較される項が名詞・代名詞であるときは di，それ以外の形容詞，動詞(不定詞)，前置詞句などのときは che で示されます．なお，優(劣)等比較，同等比較を問わず，比較される項が人称代名詞の場合は強勢代名詞(直接目的)で示されることに注意．

　Sei più giovane *di* me.　君はぼくより若い．
　Il Po è molto più lungo *del* Tevere.　ポー川はテベレ川よりももっと長い．
　Questa sala è più grande *che* bella.　この広間は美しいというより大きさがすぐれている．

　＊比較にはA項とB項を同一の品質に関して比較する場合と単にA項に関して2つの品質を比較する場合とがあります．

　Mario è più gentile con me *che* con te.　マリオは君よりも僕の方に親切だ．

　più (meno)は品質形容詞の比較級を表わす手段として以外にも，単独にて，あるいは名詞や動詞に対して量や程度の比較を表わすことがあります．

　Quel paese ha *più* di 5.000 abitanti.　あの村は5千人以上の住民がいます．
　Ho *più* soldi di lui.　私は彼よりもお金をたくさん持っています．
　Ho *meno* soldi di lui.　私は彼ほどお金を持っていません．

Mi *piace più* mangiare che cucinare.　私は料理するより食事をする方が好きです。

　　＊これは molto「多くの，非常に」，poco「僅かの，僅かに」の比較級に由来するものです。

§2　形容詞の最上級

　形容詞の比較級の前に定冠詞を置くと最上級が作られます。「～のなかで」は基本的に di（ときには fra）で表わされます。
Mario è *il più intelligente* di tutti.
マリオはみんなの中で一番賢い。
Quella macchina è *la meno* usata delle sue.
あの車は彼の車の中で一番使われてないものです。
　なお，例文４は名詞の後に置かれた形容詞の最上級の語順です。

§3　絶対最上級

　形容詞の比較は相対的なものですが，形容詞の語尾に -issimo（ラテン語の最上級に由来する）を付けると「とっても（非常に）～」を表わすことができます。

bello　美しい	→ bellissimo
poco　わずかの	→ pochissimo
strano　奇妙な	→ stranissimo

　＊特殊な興味ある例として scioperissimo「大型ストライキ」のように名詞に -issimo を付加したものがみられます。なお direttissimo（espresso「急行列車」の旧称），direttissima「新幹線」などは絶対最上級が名詞化した例です。

　絶対最上級は molto～「とても～」で表わされたものに近いと言えます。
Sono *stanchissimo*. ＝ Sono *molto* stanco.　私はとても疲れていま

す．

さらに stra-「超〜」などを接頭辞として加えたり，形容詞を重複させることで絶対最上級並みの効果を得ることができます．

　　*stra*grande　　特大の
　　una pioggia *forte forte*　　とても激しい雨　＝　una pioggia *fortissima*
　　　＊ un *caffè caffè*「本当のコーヒー」は名詞の重複です．

§4　ラテン語起源の比較級と最上級

次の形容詞には più による規則的な比較級，最上級とは別に，ラテン語に由来する比較級，最上級(太字で示す)が存在します．ただし絶対最上級の方は現在ではむしろ自立した形容詞として用いられています．

	比較級	最上級	絶対最上級
buono 良い	più buono **migliore**	il più buono il **migliore**	buonissimo **ottimo**
cattivo 悪い	più cattivo **peggiore**	il più cattivo il **peggiore**	cattivissimo **pessimo**
grande 大きい	più grande **maggiore**	il più grande il **maggiore**	grandissimo **massimo**
piccolo 小さい	più piccolo **minore**	il più piccolo il **minore**	piccolissimo **minimo**

　　＊たとえば il mio fratello *maggiore*（年上の）「私の兄」, il mio fratello *minore*（年下の）「私の弟」のように使われます．

§5　副詞の比較級・最上級

副詞にも形容詞の要領で比較級と最上級が作られる場合があります．

più presto より速く

il più presto possibile できるだけ(一番)速く

なお，bene「よく」，male「悪く」の比較級はそれぞれ meglio, peggio です．また molto「非常に」，poco「僅かに」に対しては più, meno が用いられます(cfr. §1 の最後の用例)．

§6 間投詞

喜び，苦しみ，驚き，怒りなどの感情を込めて発せられる一連の語は間投詞(不変化)と呼ばれます．

1. 本来のもの：

Ah !	ああ！(幅広く用いられる)
Eh !	えっ！
Ehi !	おい！
Oh !	おお！
Mah !	さて，どうかな！　仕方ないかも！
Uffa !	やれやれ！

2. 他の品詞あるいは表現を間投詞として用いる：

Dio mio !	おやまあ！
Mamma mia !	おやまあ！
Perbacco !	おやまあ！
Accidenti !	大変だ！　しまった！
Peccato !	残念だ！
Coraggio !	勇気を出して！
Forza !	頑張れ！
Presto !	速く！
Silenzio !	静かに！
Bravo !	うまい！
Zitto !	しいっ！(静かに)

Su !	さあ！
Dai !	さあ！

3. さらに擬声語や動物の鳴き声なども便宜的に間投詞のなかに入れることができます．

din-don	[鐘の音] ディン・ドン
tic-tac	[時計の音] ティク・タク
bau-bau	[犬の鳴き声] バウ・バウ
miao	[猫の鳴き声] ミャオ

  * miagolare ニャーオと鳴く
chicchirichì   [雄鶏の鳴き声] キッキリキ
coccodè   [雌鳥の鳴き声(卵を産んだとき)] コッコデ

§7　感嘆文

ことに感情の高まりを表わす文は感嘆文と呼ばれ，文末に感嘆符(!)が付けられます．発音するとき文末のイントネーションは下降型ですが，強調する語には強アクセントが置かれます．
名詞や形容詞を強調するには **che**，述語を強調するには **come** や **quanto** などの疑問詞がよく利用されます．

  Che piacere !　なんと嬉しいことでしょう！
  Che peccato !　残念なことだ！
  Che bella giornata !　なんともすばらしい日ですね！
  Quanto è bella quella ragazza !　綺麗だな，あの女の子は！
  Quanto mi piace quel film !　ほんとに私気に入ったわ，あの映画は！
  Come sono simpatici gli amici di Paolo !　パオロの友人たちはなんとも愛想のいいことです！

練習問題 13

(解答は p. 169)

A. 文全体の意味を変えないで次の優等比較を劣等比較に直しなさい．
  1. L'oro è più prezioso dell'argento.
  2. Oggi il tempo è più sereno di ieri.
  3. Il vino di quest'anno è più buono di quello dell'anno passato.

B. 比較を表わす文を完成させなさい．
  1. L'acqua è _____ pesante _____ l'olio.
  2. La lana è _____ fine _____ la seta.
  3. Il Po è _____ fiume _____ lungo _____ Italia.

Ancona：ピノッキオ像

家　族

genitori	両親			
padre	父	madre	母
marito	夫	moglie	妻
figlio	息子	figlia	娘
fratello	兄(弟)	sorella	姉(妹)
nonno	祖父	nonna	祖母
nipote	孫息子, オイ	nipote	孫娘, メイ
zio	伯(叔)父	zia	伯(叔)母
cugino	従兄(弟)	cugina	従姉(妹)
cognato	義兄(弟)	cognata	義姉(妹)
suocero	舅	suocera	姑
genero	娘婿	nuora	嫁

Bologna：12月の風景

第14課
関係代名詞, 使役・知覚構文, 副詞

基本表現

1. Ho letto il libro che mi hai prestato.
   オ レット イル リーブロ ケ ミ アイ プレスタート
   私は君が貸してくれた本を読みました．

2. Ho incontrato una persona con cui si parla
   オ インコントゥラート ウーナ ペルソーナ コン クゥーイ スィ パルラ
   piacevolmente.
   ピアチェヴォルメンテ
   私は愉快に話せる人に出会いました．

3. *Guerra e pace*, il cui autore è Tolstoi, è un
   グゥエルラ エ パーチェ イル クゥーイ アウトーレ エ トルストイ エ ウン
   grande romanzo.
   グランデ ロマンツォ
   作者がトルストイである『戦争と平和』は偉大な小説です．

4. Faccio suonare il pianoforte a mia figlia.
   ファッチョ スゥオナーレ イル ピアノフォルテ ア ミーア フィッリャ
   私は私の娘にピアノを弾いてもらいます．

5. Ho sentito parlare di lui non so dove.
   オ センティート パルラーレ ディ ルーイ ノン ソ ドーヴェ
   私はどこだったか分からないが彼のうわさを聞いたことがあります．

〔語句〕

prestare 貸す, **incontrare** 出会う, **persona** f. 人, 人柄, **piacevolmente** < **piacevole**「愉快な」の副詞, **guerra** f. 戦争, **pace** f. 平和, **cui** < 関係代名詞 **che** の所有格, **autore** m. 著者, 原作者, **Tolstoi** ロシアの作家 (1828-1910), **romanzo** m. 小説, **suonare** 弾く, 鳴らす, **pianoforte** m. ピアノ (**piano** はその簡略形), **non so**

dove　どこだか分からないが

§1 関係代名詞

　イタリア語の関係代名詞の基本形は **che** です．関係代名詞は二つの文を一つに繋ぐ働きをもっています．関係詞の役割は先行詞に対して，それを修飾する従属節を導くことです．

> Mi hai prestato *un libro*. ＋ Ho letto il libro. →
> 君は私に本を貸してくれた．　　　私はその本を読みました．
> Ho letto il libro *che* mi hai prestato.
> 私は君が貸してくれた本を読みました．

　che は先行詞の性・数に関して不変化であり(英語のように人を指す場合とものを指す場合の区別もありません)，主語あるいは目的語の役割を果たします．

　l'albero *che* cresce　　成長する木(男性単数・主語)
　gli alberi *che* vedi　　君が見ている木々(男性複数・目的語)
　la donna *che* lavora　　働く女(女性単数・主語)
　le donne *che* ho amato　　私が愛した女たち(女性複数・目的語)

　che は前置詞とともに用いられると **cui**（クゥーイ）に変わります．

> Questa è la casa. ＋ Abito *in questa casa* da dieci anni. →
> これは家です．　　　私は 10 年前からこの家に住んでいます．
> Questa è la casa *in cui* abito da dieci anni.
> これは私が 10 年前から住んでいる家です．

　＊このように場所を示す場合は **in cui** を関係副詞 **dove** で置き換えることもできます．

　l'argomento *di cui* voglio parlarvi　　私があなた方に話したいテーマ
　gli amici *su cui* posso contare　　私が頼れる友達

なお間接目的語の働きをする a cui は前置詞 a を省略し，cui のみを単独で用いることもできます．

Il ragazzo *a cui*（＝*cui*）sto scrivendo è spagnolo.
私が手紙を書いている少年はスペイン人です．

さらに，いわゆる所有格(英語の whose に当たる)も **cui** です．ただしイタリア語の所有形容詞は原則として定冠詞を要求しますので，cui にも先行詞の性・数に応じた定冠詞が付くことになります．

Giovanna *la cui* madre abita a Torino, lavora a Milano.
母親がトリーノに住んでいるジョバンナはミラノで働いています．

Un ristorante *il cui* nome ora non ricordo deve essere in questa strada.
名前を今思い出せないレストランはこの道にある筈です．

È un regista *i cui* film sono ormai conosciuti in tutto il mondo.
その映画が今や世界中に知られている監督です．

§2 関係代名詞としての定冠詞 ＋ quale

che と平行してイタリア語には先行詞の性と数に従って変化する別の関係代名詞として定冠詞＋quale が存在します：**il quale, la quale, i quali, le quali．** ただしこれは書きことばで用いられるものです．定冠詞を伴っているのが特徴です．

ややフォーマルな表現として主語や直接目的語として che の代わりをしますが，むしろ前置詞とともに用いられる(その場合冠詞付前置詞が生じることに注意)傾向がみられます．

Il ragazzo *al quale*（＝*a cui*）parlo è mio fratello.
私が話しかけている少年は私の兄弟です．

La ragazza *della quale*（＝*di cui*）parlo è una mia amica.
私が話題にしている少女は私の女友達です．

Sono i bambini *dei quali*（＝*di cui*）ti parlo spesso.

私が君によく話している子供達です。

定冠詞＋quale は，先行詞がいずれかあいまいとなる場合には有効な関係代名詞と言えます。

L'amica di Giovanni *la quale* abita a Firenze studia a Pisa.
フィレンツェに住んでいるジョヴァンニの女友達はピサで勉強しています。

ところで関係節には先行詞に対して2通りの役割があると言えます。
a.　Il ragazzo *che ho conosciuto ieri* è di Padova.
　　きのう私が知り合った少年はパドヴァ出身です。
b.　Lorenzo, *che hai conosciuto ieri*, è di Padova.
　　ロレンツォは，きのう君が知り合ったとかだが，パドヴァ出身です。

a. では関係節が先行詞をさらに詳しく限定(説明)しているのに対して *b.* では先行詞の Lorenzo はすでに限定された固有名詞であるため，関係節は同格的な存在となり，先行詞を補足的に説明しているに過ぎません。

§3　chi「〜する人」

chi はそれ自体で la persona che …「〜する人」を意味します。あとに来る動詞は単数です。

Chi dorme non piglia pesci.
眠るものは魚を捕えない。（早起きは三文の得）

Dico questo solo per *chi* vuole ascoltare.
私は聞きたい人にだけこのことを言います。

Chi è in difetto è in sospetto, dice il proverbio milanese.
　　— *I promessi sposi* di Alessandro Manzoni.
ミラノの諺に曰く「悪事を働いた者は疑いをかけられている」。（アレッサンドロ・マンヅォーニ『婚約者』）

§4 quanto「[関係代名詞]〜ところのもの(すべて)」,「[関係形容詞]〜ところの(すべての)」, quale「[関係形容詞]〜のような」, dove「[関係副詞]〜ところの」

次のような用法にも注意しましょう.
Per *quanto* mi riguarda …. 　私に関しては
Ho fatto *quanto* potevo. 　私は出来ること(すべて)をしました.
Puoi prendere *quanto* tempo vuoi per finire questo lavoro.
君はこの仕事を終えるのに必要なだけの時間をかけていいです.
Quanti soldi guadagno, tanti ne spendo.
私は稼ぐだけのお金をみな費やしています.
Animali *quali* i cani e i gatti sono domestici.
犬や猫のような動物は家で飼われます.
Questo è il paese *dove*(＝in cui) sono nato.
これは私が生まれた村です.

§5 使役動詞＋不定詞

　イタリア語では使役動詞(fare, lasciare)が不定詞と結合して「〜させる,〜してもらう」を意味する複合動詞(単独の動詞と同じ働きをする)を構成します.
　Piero *fa venire* Franca. 　ピエーロはフランカに来てもらいます.
　不定詞が自動詞(ここでは venire)だと, 不定詞の主語(Franca)はこの文の直接目的語となり不定詞の後に置かれます.

> Piero *fa mangiare* la minestra a Franca.
> ピエーロはフランカにミネストラを食べさせます.
> Piero *fa mangiare* la minestra da Franca.

　不定詞が他動詞(ここでは mangiare)だと, その直接目的語(la minestra)がすでに存在するため, 不定詞の主語(Franca)はこの文の直接目的語になれず, 前置詞 a に導かれる間接目的語になるか, あるいは da に導

かれる前置詞句で表わされます．

　この仕組みは不定詞の主語が接語代名詞で表わされる際にはっきりします．不定詞が自動詞だと直接目的で，不定詞が他動詞だと間接目的で表わされるからです．

> Piero *la* fa venire.　ピエーロは彼女に来てもらいます．
> Piero *le* fa mangiare la minestra.
> ピエーロは彼女にミネストラを食べさせます．

§6　知覚動詞＋不定詞

　知覚動詞（sentire, vedere など）も不定詞と結合して「～するのを聞く（見る）」という意味の複合動詞を構成します．
　ただし使役動詞との違いは，知覚動詞は不定詞が自動詞だと，その主語（＝知覚動詞の直接目的語）を知覚動詞と不定詞との間に置くこともできることです．

> Ho visto uscire Piero.　～　Ho visto Piero uscire.
> 私はピエーロが出て行くのを見ました．

　また使役動詞では不定詞が他動詞の場合，その主語（＝使役動詞の直接目的語）は文法的に間接目的の形式をとるのに対して，知覚動詞では不定詞の主語（＝知覚動詞の直接目的語）が文法的にも直接目的として留まるという違いが生じます．接語代名詞で表わされるときその状況がはっきりします．

> *Gli* ho fatto scrivere la lettera.　私は彼に手紙を書いてもらいました．
> *L'*ho visto scrivere la lettera.　私は彼が手紙を書くのを見ました．
> 　＊ここで注目すべきことは，使役動詞では不定詞の行為が完了するのに対し，知覚動詞では不定詞の行為が進行中となることです．

　さらに不定詞が他動詞の場合，その直接目的語を接語代名詞で表わす際に，使役動詞ではその前に置かれるのに対し，知覚動詞では不定詞の後に付加されることが指摘されます．

> Ho fatto suonare *il violino* da Piero.
>
> 私はピエーロにヴァイオリンを弾いてもらいました．
>
> → *L'*ho fatto suonare da Piero.
>
> 　　私はピエーロにそれを弾いてもらいました．
>
> Ho sentito Piero suonare *il violino*.
>
> 私はピエーロがヴァイオリンを弾くのを聞きました．
>
> → Ho sentito Piero suonar*lo*.
>
> 　　私はピエーロがそれを弾くのを聞きました．

＊使役動詞＋不定詞は，接語代名詞を動詞の前に置くことから，知覚動詞＋不定詞よりも**単一の動詞**に近い働きをしていることが分かります．

§7　副詞（形容詞に -mente を加えたものを含む）

不変化の副詞には adesso（＝ora）「今」，bene「よく」，qui「ここに」，sempre「いつも」など本来の単純な副詞のほか，infatti「実際のところ」，talvolta「時には」，nemmeno「〜さえもない」のように合成されたものもあります．これとは別に品質形容詞からもその女性単数形に **-mente** を加えてつくられるものがたくさんあります．

> attento　注意した　　→ attentamente　注意して
> vero　本当の　　　　→ veramente　本当に
> esatto　正確な　　　→ esattamente　正確に，その通りに

＊品質形容詞の女性形が用いられるのは，副詞の語尾 -mente が本来ラテン語で「心」を意味する女性名詞の格変化したもの「心で」に由来するためであったことを知れば納得されるでしょう．

なお -e に終わるものにはそのまま -mente を加えることが出来ます．

> dolce　甘い　　　　　→ dolcemente　甘く

ただし母音＋le（re）で終わる場合は -e を取って -mente を付けます．

generale	一般的な	→ generalmente	一般に
regolare	規則的な	→ regolarmente	規則的に

§8 副詞の位置

　副詞は mangiare *troppo*「食べ過ぎる」のように動詞にかかることも，*troppo* caro「とても（値段が）高い」のように形容詞にかかることもありますが，*anche* Gianna「ジャンナもまた」のように名詞にかかる場合もあります．それぞれ置かれる位置に注意して下さい．動詞にかかる場合，複合時称だと anche「～もまた」，già「すでに」，proprio「ちょうど」などは助動詞と過去分詞の間に置かれます．

　Il treno è *già* partito.　列車はすでに出発した．

　さらに副詞は文全体にかかることも出来ます（次の例は文全体に対する真実性に触れたり，発話者個人の気持ちを表わしています）．

　Probabilmente Marco è partito per la Francia.
　おそらくマルコはフランスへ旅立ったようです．

　Purtroppo Marco è partito per la Francia.
　残念ながらマルコはフランスへ旅立ちました．

　＊Oggi è una bella giornata.「今日はすばらしい日だ」では oggi は名詞として用いられています．

文にかかるか，動詞にかかるかで意味に差が生じることもあります．

a.　*Onestamente*, non ha lavorato.
　　正直に言って，彼は働かなかった．

b.　Non ha lavorato *onestamente*.
　　彼は正直には働かなかった．（働いたけれども）

練習問題 14

(解答は p. 170)

A. 関係代名詞を用いて新しい文を作りなさい．
1. La signorina studia a Siena. Quella signorina è giapponese.
2. Ho dimenticato al bar il giornale. Mi hai prestato quel giornale.
3. Ecco il professore. Ti ho spesso parlato di quel professore.

B. 二つの文をまとめて新しい文を作りなさい．
1. Faccio … il bambino beve la medicina.
2. Pochi minuti fa ho visto Massimo. Massimo esce.

Bologna 大学法学部

固有名詞とその派生形容詞（名詞）

Firenze	フィレンツェ	→ fiorentino	フィレンツェの（人，方言）
Milano	ミラノ	→ milanese	ミラノの（人，方言）
Napoli	ナポリ	→ napoletano	ナポリの（人，方言）
Roma	ローマ	→ romano	ローマの（人，方言）
Torino	トリノ	→ torinese	トリノの（人，方言）
Palermo	パレルモ	→ palermitano	パレルモの（人，方言）
Cagliari	カッリアリ	→ cagliaritano	カッリアリの（人，方言）
la Sardegna	サルジニア	→ sardo	サルジニアの（人，語）
la Sicilia	シチリア	→ siciliano	シチリアの（人，方言）
il Piemonte	ピエモンテ	→ piemontese	ピエモンテの（人，方言）
la Toscana	トスカーナ	→ toscano	トスカーナの（人，方言）
l'Adriatico	アドリア海	→ adriatico	アドリア海（沿岸）の
il Tirreno	チレニア海	→ tirrenico	チレニア海（沿岸）の
il Po	ポー川	→ padano	ポー川（流域）の
il Tevere	テベレ川	→ tiberino	テベレ川（流域）の

＊定冠詞を用いるものにはその性に注意．

＊都市・州名の派生形容詞は名詞として用いられる場合は「…人，…ことば（語，方言）」を表わします．

Cristoforo Colombo 500年祭記念切手

第15課 直説法未来, 前未来, 動詞＋前置詞＋不定詞

基本表現

1. L'anno prossimo, in marzo, finirò di studiare
   ランノ　プロッスィモ　イン　マルツォ　フィニロ　ディ　ストゥディアーレ
   all'università, e partirò per l'Italia.
   アッルニヴェルスィタ　エ　パルティロ　ペル　リタリーア
   来年3月私は大学での勉強を終え，イタリアへ出発する予定です．

2. Signore e signori, fra qualche minuto
   スィッニョーレ　エ　スィッニョーリ　フラ　クゥアルケ　ミヌート
   atterreremo all'aeroporto di Fiumicino. Vi
   アッテルレレーモ　アッラエロポルト　ディ　フィウミチーノ　ヴィ
   preghiamo di allacciare le cinture e di porre lo
   プレギアーモ　ディ　アッラッチャーレ　レ　チントゥーレ　エ　ディ　ポルレ　ロ
   schienale della poltrona in posizione verticale.
   スキエナーレ　デッラ　ポルトゥローナ　イン　ポズィッツィオーネ　ヴェルティカーレ
   Grazie.
   グラッツィエ
   皆さま，あと数分でフィウミチーノ空港に着陸します．ベルトをお締めになり，椅子の背もたれを垂直にお戻し下さるようお願いいたします．有難うございました．

3. Quanti anni avrà quell'uomo?
   クゥアンティ　アンニ　アヴラ　クゥエッルオーモ
   あの男はいくつくらいなのでしょうか？

4. Amerai il prossimo tuo come te stesso.
   アメライ　イル　プロッスィモ　トゥーオ　コメ　テ　ステッソ
   汝の隣人を汝自身のごとく愛せよ．

〔語句〕

atterrare 着陸する, **aeroporto** m. 空港, **pregare** 頼む, **allacciare** (ベルトを)締める, **cintura** f. ベルト, **porre** 置く, **schienale** m.

背もたれ，**poltrona** f. 肘掛け椅子，**posizione** f. 位置，**verticale** 垂直の，**prossimo** 次の，m. 隣人

§1 直説法未来

未来形は動詞の語幹に次の**語尾**を付けて作られます．

	単数	複数
1人称	**-rò**	**-remo**
2人称	**-rai**	**-rete**
3人称	**-rà**	**-ranno**

＊未来形の語尾の特徴となる -r- は，実は不定詞の語尾の -r- です．未来形が不定詞と助動詞 avere の現在形の融合(cfr. 英語の have to …)に由来しているためです．

第1活用動詞 amare 愛する	第2活用動詞 credere 信じる，思う	第3活用動詞 finire 終える
ame**rò**	crede**rò**	fini**rò**
ame**rai**	crede**rai**	fini**rai**
ame**rà**	crede**rà**	fini**rà**
ame**remo**	crede**remo**	fini**remo**
ame**rete**	crede**rete**	fini**rete**
ame**ranno**	crede**ranno**	fini**ranno**

アクセントはすべて語尾の -r- の直後の母音の上です．

＊第1活用動詞ではテーマ母音 -a- が語尾の -r- の前で -e- に変わることに注意．その結果第1活用動詞は第2活用動詞と同じ活用になります．

＊ dimenti**c**are「忘れる」は dimenti**ch**erò …, cominc**i**are「始める」は cominc**e**rò … のように綴りの調整が行われることにも注意．

不規則な未来形

テーマ母音が消失するもの:

andare 行く: andrò, …　　　potere できる: potrò, …
avere 持っている: avrò, …　　sapere 知る: saprò, …
dovere ねばならない: dovrò, …　vedere 見る: vedrò, …

テーマ母音の消失とともに，語幹の子音が語尾の -r- に同化し，その結果 r が重複するもの:

bere 飲む: (＜bevere) berrò, …　　tenere 持つ: terrò, …
venire 来る: verrò, …　　　　　　rimanere 残る: rimarrò, …
volere 〜したい: vorrò, …

注意すべきもの:

essere 〜である: sarò, …　　　fare する: farò, …
dire 言う: dirò, …

§2 直説法未来の用法

1. 発話の時点よりもあとに起こる出来事(意志を含む)を表わします.

   Domani *pioverà*.　明日は雨が降るでしょう.
   Quando *tornerai*?　君はいつ帰って来るの？
   Ti *aspetterò* alla fermata del filobus.
   トロリーバスの停留所で君を待つことにしましょう.

   未来の出来事であっても日常会話においては現在形で間に合わせることが可能です.

2. 未来形の存在価値は単に未来の出来事を指すばかりでなく，推測(例文3)や遠回しの依頼・命令(例文4)などに使われることにもあると言えます.

   Che ore sono? — *Saranno* le cinque.
   何時ですか？　　　　5時くらいではないでしょうか.
   Anche se non ne hai voglia, lo *farai*.
   たとえする気がなくとも，するわね.

Domani *andrai* a chiedergli scusa.
明日には彼にあやまりに行くわね．

3. 現在形に代わって（一般に1人称で）語調を和らげる効果があります．

Ti *dirò* che quel tipo non mi piace affatto.
君に言いたいのはあんなやつはぼくにはまったく気にくわないってこと．

§3 直説法前未来

完了の助動詞（avere または essere）の未来＋主動詞の過去分詞からなる複合時称です．

1. 未来のある時点よりも前に完了しているだろう出来事を表わすのに用いられます．

Quando *avrai finito* di leggere questo libro, te ne darò un altro.
君がこの本を読み終わったとき，君には別のをあげましょう．

2. 過去における出来事の不確実性や推測を表わすのにも用いられます．

L'*avrò* anche *detto*, ma non ricordo bene.
そう言ったかも知れませんが，私はよく覚えていません．

Dove *sarà finita* la mia penna？
私のペンはどこに消えたのかしら？

Saranno state le sei, quando mi sono svegliato.
私が目覚めたのは6時だったかしら．

＊くだけた日常会話では前未来を未来形（ときには近過去）で間に合わせることがあります．もちろん従属節，主節ともに現在形を用いることも可能です．

Appena *arriverò*, ti telefonerò． 到着したらすぐ君に電話をしましょう．
Quando *ho finito* il lavoro, esco． 仕事を終えてから出かけます．
Quando *arrivo*, ti telefono． 到着して君に電話をします．

§4 動詞＋前置詞＋不定詞

dovere「～すべきである」，potere「～できる」などの様態動詞は不定詞と直接結び付くわけですが，多くの動詞は不定詞とは前置詞を介して結び付くことになります．その際の前置詞は主として a または di ですが，その他の前置詞にも注意しなければなりません．（なお他動詞の場合は名詞を直接目的語とする構文も可能です．）

cominciare 始める：
　Ho cominciato a leggere.　私は読み始めた．
　　＊英語における (to) *begin* to study 「勉強することを始める」＞「勉強し始める」といった構文を思い出して下さい．
　(Ho cominciato il libro.　私は本を(読み)始めました．)

avere 持っている：
　Ho da leggere un libro.　私は本を読まねばなりません．
　(Ho un libro da leggere.　私は読むべき本を持っています．)

aspettare 待つ：
　Aspettava di partire.　彼は出発を待っていた．
　Aspettava a partire.　彼は出発するのを延ばしていた．
　(Aspettava il treno.　彼は列車を待っていた．)

cercare ～しようとする，探す：
　Ho cercato di studire la storia dell'arte.
　私は美術史を勉強しようとしました．
　(Cercavo lui.　私は彼を探していたのです．)

decidere 決める：
　Ha deciso di partire.　彼は出発することにした．
　(Ha deciso la data della sua partenza.　彼は出発日を決めました．)

finire 終える：
　Ha finito di scrivere.　彼は(手紙を)書き終わった．
　(Ha finito la lettera.　彼は手紙を終えた．)

provare 試す：

Proviamo a entrare.　入ってみましょう．
(Proviamo la macchina.　その車を試してみましょう．)

riuscire　成功する：
Non riesco a indovinare la risposta.　私は答えを当てられません．
Non mi riesce di indovinare la risposta.
　　私には答えを当てられません．

§5　形容詞（＋前置詞）＋不定詞

形容詞があとに不定詞を従える構文にも注目しておきます．

contento　嬉しい：
Sono contento d'essere qui.　私はここに居ることが嬉しい．

　　＊英語における I am glad to see you. 「私はあなたに会えて嬉しい」といった構文を思い出して下さい．

facile　容易な：
È facile trovare un bar qua vicino.
　　この近くではバールを見つけるのはやさしい．

giusto　正当な：
È giusto fare così.　こうするのは正しい．

difficile　難しい：
Questa questione è difficile da risolvere.　この問題は解くのが難しい．

pronto　準備のできた：
Sono pronto a partire.　私は出発する準備ができています．

vicino　近い：
Era vicino ad andarsene.　彼は立ち去ろうとしていた．

　　＊ andarsene （＜andare＋si＋ne 立ち去る）
　　＊形容詞には接続詞 che に導かれる節を従えるものもあります．その場合この構文では接続法(cfr. 第 19 課)が使われます．
　　Sono contenta che tua figlia sia con noi.
　　あなたの娘さんが私たちといるのは嬉しいです．

È difficile che si riesca ad arrivare in tempo.
間に合うように到着することは難しい．

練習問題 15

（解答は p. 170）

A. 文中の動詞を活用させなさい．
 1. Mangerò una pizza se avrò fame.
 2. Scriverò una cartolina da Taormina.
 3. Leggerò il romanzo fino a tardi se non sarò stanco / a.

B. 指示に従い不定詞を未来形にしなさい．
 1. （私）prendere un caffè.
 2. （私たち）rimanere qui.
 3. （彼ら）dovere fare i compiti.

Nuoro にて上映中の S. Mereu 監督の映画
BALLO A TRE PASSI (2003)

主な色彩名

形容詞または名詞(m.)として用いられます．

bianco	白(い)
nero	黒(い)
rosso	赤(い)
verde	緑(の)
giallo	黄色(の)
blu	紺(の)
azzurro	青(の)，空色(の)
marrone	[無変，または pl. -i] 茶色(の)，栗色(の)
viola	[無変] 紫(の)，スミレ色(の)
rosa	[無変] ピンク(の)，バラ色(の)
arancio	[無変] オレンジ色(の)
grigio	[pl.f. -gie] 灰色(の)，ねずみ色(の)

＊なお viola，rosa はそれぞれ「スミレ」，「バラ」の花を指す場合は女性名詞です．

＊cfr. Berlin/Kay 1969, *Basic Color Terms*, Los Angeles.

第16課
条件法現在，条件法過去

基本表現

1. Studierei, ma sono stanco.
   ストゥディエレイ マ ソーノ スタンコ
   私は勉強したいが疲れています．

2. Vorrei sapere chi ha vinto.
   ヴォルレイ サペーレ キ ア ヴィント
   誰が勝ったか知りたいところです．

3. Paolo, dovresti fumare di meno.
   パオロ ドヴレスティ フゥマーレ ディ メーノ
   パオロ，タバコを吸うのは減らすべきだよ．

4. Secondo l'antiquario, questo quadro sarebbe falso.
   セコンド ランティクゥアーリオ クゥエスト クゥアードゥロ サレッベ ファルソ
   骨董屋さんによるとこの絵は贋物だそうです．

5. Piero ha detto che sarebbe venuto più tardi.
   ピエーロ ア デット ケ サレッベ ヴェヌート ピウ タルディ
   ピエーロはあとから行くよと言いました．

〔語句〕

stanco 疲れた，**vinto**＜**vincere**「勝つ」の過去分詞，**antiquario** m. 古物商，**quadro** m. 絵画，**falso** 偽の，**tardi** 遅く

§1 条件法

直説法が発話の時点で現実に起こる出来事を表わすのに対して，条件法は起こりうる出来事(可能性のある・なしに拘わらず)を表わそうとするものです．

＊条件法は接続法(cfr. 第19および20課)とともに非現実の出来事について述べようとする点で，現実の出来事について述べる直説法と対立します．

条件法は本来はある条件のもとで起こりうる出来事を表わし，「もし〜ならば[条件節]，〜するのだが[主節]」といった仮定文のなかで主節の方に用いられるものですが，断言を避けるため，あるいは表現を和らげるために幅広く使われます．

条件法には現在(通常の語尾変化による)と過去(助動詞＋本動詞の過去分詞からなる複合時称による)とがあります．

§2　条件法現在

条件法現在は**直説法未来を作るときと同じ語幹**に次の語尾を付けて作られます．

	単数	複数
1人称	**-rei**	**-remmo**
2人称	**-resti**	**-reste**
3人称	**-rebbe**	**-rebbero**

＊条件法現在も直説法未来と同じく不定詞をもとにしていますが，条件法現在は不定詞と助動詞 avere の遠過去形(cfr. 第17課)の融合に由来しています．

＊1人称複数では語尾の -m- が2重化して -mm- となります．

第1活用動詞 telefonare 電話する	第2活用動詞 credere 信じる，思う	第3活用動詞 partire 出発する
telefone**rei**	crede**rei**	parti**rei**
telefone**resti**	crede**resti**	parti**resti**
telefone**rebbe**	crede**rebbe**	parti**rebbe**
telefone**remmo**	crede**remmo**	parti**remmo**
telefone**reste**	crede**reste**	parti**reste**
telefone**rebbero**	crede**rebbero**	parti**rebbero**

＊直説法未来のときと同じく第1・第2活用動詞は共通の活用となります。
アクセントは未来形の場合と同じく語尾の **-r-** の直後の母音の上です。

§3 条件法現在の用法

ある条件のもとに現在または未来において起りうる事柄を表わします。
1. 条件を述べる表現がなくとも（省略と考えられる），発話者の意志［1人称が普通］を丁寧に和らげて表わしたいとき［例文1，2］，あるいは断言を避けたいとき［例文3］に用いられます。さらに「～によれば」といった表現を伴って他者の権威にもとづく発言であることを伝えるためにも用いられます［例文4］。
   Vorrei un gelato.　私はジェラートが欲しいですね。
   Vorrei imparare l'italiano.　私はイタリア語が学びたいのです。
   Direi che domani arriverà.　明日には到着すると言えましょう。
   Verresti con me ?　私と一緒に来て下さる？
   Dovresti imparare l'inglese.　君は英語を学ばないといけませんよ。
2. 仮定文においては条件を表わす従属節に（一般に接続法半過去が用いられる）ではなく，帰結を表わす**主節**にて用いられることに注意（詳しくは cfr. 第20課）。
   Se avessi tempo, mi *piacerebbe* studiare lo spagnolo.
   私は時間があったら，スペイン語を勉強してみたいと思います。

§4 条件法過去

完了の助動詞（avere または essere）の条件法現在と主動詞の過去分詞からなる複合時称です。
ある条件のもとに過去において起こりえた出来事を表わします。
1. 用法は条件法現在に準じます。
   avrei detto　　　　sarei venuto
   言っていたでしょう　　私は来ていたでしょう

Sarei venuto volentieri, ma non ho avuto tempo.
よろこんで来たでしょうが，時間がありませんでした．

I sovietici *avrebbero lanciato* una nuova nave spaziale che preparerebbe uno sbarco sulla luna.
ソヴィエトでは月面上陸を準備する新しい宇宙船を打ち上げたようである．

2. 条件法過去は，ことに従属節のなかでは主節の動詞が過去形のとき，それが現在形のときの未来形に当たることから**過去未来**とも呼ばれます［例文５］．

Piero ha detto (diceva) che *sarebbe venuto* più tardi.
ピエーロはあとから行くと言いました(言っていました)．

← Piero dice che *verrà* più tardi.
　　ピエーロはあとから行くと言います．

　　＊こんにちイタリア語ではフランス語のように条件法現在が直ちに過去未来の働きをすることがなく，そのためには複合時称の条件法過去が用いられます．

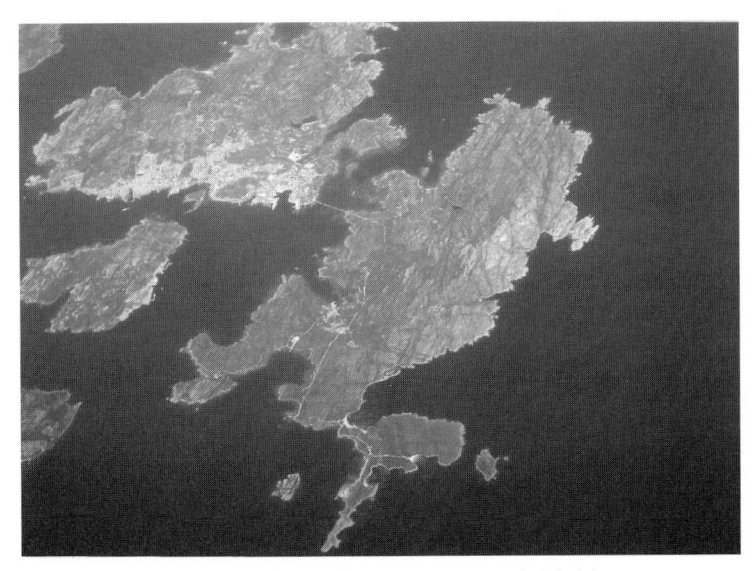

Bonifacio 海峡上空からの Caprera 島(中央)

練習問題 16

(解答は p. 170)

A. 次の文を条件法現在を用いて書きかえなさい．
1. Scrivo una lettera a mia sorella.
2. Voglio essere più ricco per poter girare il mondo.
3. Mi piace saper parlare correntemente l'italiano.
4. Sarà bello avere quella macchina.

B. 次の文をイタリア語に訳しなさい．
1. 私はピッツァが食べてみたい．
2. フィレンツェではバルジェルロ(Bargello)美術館を訪ねてみたい．
3. イタリア語を学んでみられたら？
4. マウリッツィオは明朝早く出発したいそうです．

略 語

- **CIT**: *Compagnia Italiana Turismo* チット(イタリア旅行社)
- **ENIT**: *Ente Nazionale Italiano per il Turismo* エニット(イタリア政府観光局)
- **EPT**: *Ente Provinciale per il Turismo* 地方観光局
- **FIAT**: *Fabbrica Italiana Automobili Torino* フィアット(トリノ・イタリア自動車工場)
- **FS**: *Ferrovie dello Stato* 国鉄
- **NU**: *Nazioni Unite* 国連
- **RAI**: *Radio Audizioni Italiane* ラーイ(イタリア放送協会)
- **UE**: *Unione Europea* EU(ヨーロッパ連合)

Messina：列車を運ぶ国鉄連絡船

第17課 直説法遠過去，大過去，前過去，接続詞

基本表現

1. Molti anni fa un ragazzo genovese di tredici anni, figliuolo d'un operaio, andò da Genova in America, solo, per cercare sua madre. — *Cuore* di Edmondo De Amicis.

   何年も前のことですが，ある労働者の息子で，13歳になるジェノヴァの少年が母親を探すためひとりでジェノヴァからアメリカへ渡りました。（エドモンド・デ・アミーチス『クオーレ』）

2. Il treno sbucò dalla lunga galleria nel paese delle nevi. — *Il paese delle nevi* di Yasunari Kawabata.

   列車が長いトンネルを抜けると雪国であった。（川端康成『雪国』）

3. Dante Alighieri nacque a Firenze nel maggio 1265 e morì a Ravenna nel 1321.

   ダンテ・アリギエーリは1265年5月フィレンツェに生まれ，1321年ラヴェンナで没した。

4. La seconda guerra mondiale finì nel 1945.

   第2次大戦は1945年に終わった。

〔語句〕

genovese（＜ **Genova** ジェノヴァ）ジェノヴァの，**figliuolo**（＜ **figlio** 息子）m. 倅，**operaio** m. 労働者，**cercare** 探す，**Edmondo**

De Amicis イタリアの作家(1846-1908), 『クオーレ』は1886年の作, **sbucare** 抜け出す, **galleria** f. トンネル, **neve** f. 雪, **Yasunari Kawabata** 川端康成(1899-1972), 『雪国』のイタリア語訳はEinaudi, 1979による, **Dante Alighieri** イタリアの詩人, *La Divina Commedia*『神曲』で知られる, **nascere** 生まれる, **mondiale** 世界の

§1 直説法遠過去

遠過去は過去に起こった出来事を一応現在と切り離して日本語の「〜した」のように表わします.

これに対して近過去(現在完了)は現在への繋がりを持つ過去といえます. また半過去は日本語の「〜していた」に当たり, 遠過去は点の過去, 半過去は線の過去と呼ばれます(cfr. 第10課§2).

しかし重要なことは, こんにち遠過去は書きことばに限られ, 標準の話しことばでは近過去が遠過去の代わりに用いられるということです.

　　＊なお話しことばを地域(方言)的にみますと, 北イタリアでは近過去が, 南イタリアでは遠過去が一般的です. その交わり合うトスカーナでは両者がともに用いられます.

さて, 遠過去は小説を読むには避けることができませんので, ぜひとも学んでおく必要があります.

遠過去は動詞の語幹に次の語尾を付けて作られます.

	単数	複数
1人称	-i	-mmo
2人称	-sti	-ste
3人称	-	-rono

第1活用動詞 mangiare 食べる	第2活用動詞 temere 恐れる	第3活用動詞 finire 終える
mangiai	temei	finii
mangiasti	temesti	finisti
mangiò	temè	finì
mangiammo	tememmo	finimmo
mangiaste	temeste	finiste
mangiarono	temerono	finirono

アクセントはテーマ母音の上にあります(半過去と同様)．

＊3人称単数(語尾の欄が空白)では，テーマ母音自体が語尾となります．ただし第1活用動詞の **a** は **o** に代わることに注意．

＊第2活用動詞のなかには，**temere** のように1人称単数，3人称単数，3人称複数で語尾がそれぞれ **-tti, -tte, ttero** となる形を同時にもつものがあります：**temetti, temette, temettero**．

不規則な遠過去形

すべての人称・数にわたり不規則なものとして次の3つの動詞が注目されます．

essere ～である	dare 与える	stare ～でいる
fui	diedi (detti)	stetti
fosti	desti	stesti
fu	diede (dette)	stette
fummo	demmo	stemmo
foste	deste	steste
furono	diedero (dettero)	stettero

主として第2活用動詞に語幹の不規則なものがみられます．ことに1人称単数，3人称単数，3人称複数のみが不規則となるものが多く，同

時にアクセントの位置にも注意が必要です。

avere　持っている：ebbi, avesti, ebbe, avemmo, aveste, ebbero
chiudere　閉める：chiusi, chiudesti, …
dire　言う：dissi, dicesti, …
fare　する：feci, facesti, …
leggere　読む：lessi, leggesti, …
mettere　置く：misi, mettesti, …
scrivere　書く：scrissi, scrivesti, …
sapere　知る：seppi, sapesti, …
vedere　見る：vidi, vedesti, …
venire　来る：venni, venisti, …

＊ **chiusi** ほか s 音の現れが注目されます。

§2　直説法遠過去の用法

1. 過去に成し遂げられた出来事を表わします。

Incontrai Mario per la prima volta al mare due anni fa e lo *trovai* subito simpatico.

ぼくは2年前海で初めてマリオに会ったが、すぐに好感のもてる人だと思った。

一般に物語の叙述［例文1，2］、歴史的な記述［例文3，4］などによく用いられます。

Nel mezzo del cammin di nostra vita *mi ritrovai* per una selva oscura ché la diritta via era smarrita. — *Inferno* di Dante.

人生半ばで私は正しい路からそれた暗い森のなかにいた。（ダンテ『地獄編』）

Si sposarono, e una sera di teatro *andarono* insieme fuori per la prima volta. — *Fiabe Italiane* di Italo Calvino.

2人は結婚し、芝居のある晩初めて一緒に出かけました。（イタロ・カルヴィーノ『イタリア民話集』）

Nel VI secolo a. C.（=avanti Cristo), il nome Italia *indicò*

solamente l'estrema parte sud occidentale dell'odierna Calabria.
西暦前6世紀にはイタリアという名称はこんにちのカラーブリアの西南端の部分だけを指した．

2. 半過去が表わす線的な動作を中断するように起こる動作に対して用いられます（たとえば **mentre**「〜する間」に導かれた従属節に対して主節のなかで）．

Io *mi sedetti* in chiesa, presso il portale centrale, mentre venivano celebrate le messe. — *Il nome della rosa* di Umberto Eco.
私は教会で正面扉を入ったところに腰を下したが，丁度ミサが執り行われているところだった．（ウンベルト・エーコ『薔薇の名前』）

§3 遠過去と半過去と近過去

a. Da giovane *leggevo* molto.
　私は若いとき本をたくさん読んでいました．
b. Da giovane *lessi* molto.
　私は若いとき本をたくさん読みました．
c. Da giovane *ho letto* molto.
　私は若いとき本をたくさん読んでいます．

「読書した」ことは *a. b. c.* に共通しているものの，*a.* は過去の習慣に，*b.* は過去の動作の終結に，*c.* は過去の動作に伴うその結果（たとえばこんにち教養がある，あるいは視力が衰えたなど）にも言及していると言えます．

§4 直説法大過去

完了の助動詞（**avere** または **essere**）の半過去＋主動詞の過去分詞で構成される複合時称です．大過去はそれ以外の過去（半過去・近過去・遠過去）よりも以前に起こった動作を表わします．

Quando sono arrivato, lei *era* già *partita*.
私が着いたとき彼女はもう出発していた(したあとだった)．
Avevo già *letto* il romanzo quando apparve la critica.
書評が出たとき私はその小説をとっくに読んでいました．
avevo letto(＜leggere「読む」の大過去)は，別の過去 apparve(＜apparire「現れる」の不規則な遠過去)よりも前に起こった出来事を表わしています．

§5　直説法前過去

　完了の助動詞(**avere** または **essere**)の遠過去＋主動詞の過去分詞からなる複合時称です．前過去は遠過去よりも以前に起こった動作を表わします．

Non appena *se ne fu andato*, vennero a cercarlo.
彼が行ったばかりのところへ，彼らは彼を探しにやって来た．
se ne fu andato(＜andarsene「去る」の前過去)は vennero(＜venire「来る」の遠過去)よりも前に起こった出来事を表わしています．

　大過去の使用に比べて，前過去の使用はかなり限られていることに注意．前過去はこんにち **quando**…「〜したとき」，**dopo che**…「〜したあと」，**non appena**…「〜するとすぐに」などに導かれた従属節のなかで使われるに過ぎません．

§6　接続詞

　接続詞(不変化)には2種類あります．
1．等位接続詞
　対等な関係にある語，句，節をそれぞれの間で組み合わせてより大きな単位を構成します．
　e (母音の前では ed ともなる)「と，そして」，o (母音の前では od ともなる)「または，あるいは」，ma「しかし」，cioè「つまり，すなわち」，

dunque「したがって」などがあります．

 Gianni *e* Franca ジャンニとフランカ

 Roma *o* Parigi ローマまたはパリ

 さらに né ... né ...「～でも～でもない」のように相関的に用いられるものもあります．

 Non è *né* italiana *né* francese.

 彼女はイタリア人でもフランス人でもありません．

2. 従属接続詞

 主節に対してさまざまの従属節を連結する役割を果たします．

 che「～ということ」, **quando**「～ときに」, **perché**「(理由)～だから」,「(目的)～するために」, **se**「もし～なら」,「～かどうか」, **mentre**「～する間」, **appena**「～するや否や」, **benché**「～であるけれども」．

 Sandro dice *che* è stato al mare.

 サンドロは海に行って来たと言います．

 さらに **dopo che**「～あとで」のように接続詞句をなすものもあります．

 Ti manderò tutto *dopo che* sarai partito.

 私は君が出発してから君に全部送りましょう．

練習問題 17

(解答は p. 170)

A. 不定詞を遠過去にしなさい．

 1. Gesù Cristo *parlare* a tutti i popoli.

 2. In Lombardia, nel seicento, molte persone *morire* di peste.

B. 不定詞を大過去にしなさい．

 1. Era stanca perché *avere* una giornata difficile.

 2. *Uscire* di casa nervoso, ma è tornato sereno.

C. 次の文をイタリア語に訳しなさい．

1. レオナルド(Leonardo)は1452年フィレンツェに近い小さな村ヴィンチ(Vinci)で生まれました．
2. 思い出した，あの人が着いたのは何でも月曜日だったよ．

San Remo：カジノ

第18課 受動構文，語形成

基本表現

1. a. Cristoforo Colombo scoprì l'America nel 1492.
   クリストファー・コロンブスは1492年アメリカを発見した．
   b. L'America fu scoperta da Cristoforo Colombo nel 1492.
   アメリカは1492年クリストファー・コロンブスによって発見された．
2. a. Renzo invita a cena anche Carlo.
   レンツォはカルロも夕食に招きます．
   b. Anche Carlo è invitato a cena da Renzo.
   カルロもまたレンツォに夕食に招かれ(てい)ます．
3. Tutte le lettere vengono mandate per via aerea.
   手紙はすべて航空便で送られます．
4. L'italiano si impara facilmente.
   イタリア語は簡単に学べます．

〔語句〕

Cristoforo Colombo (1451-1506) クリストフォロ コロンボ(アクセント[太字で指示]に注意)，**scoprire** 発見する，**invitare** 招待する，**mandare** 送る，**per via aerea** 航空便で，**imparare** 習う，

覚える，**facilmente**（＜**facile**）簡単に

§1 受動構文

　受動構文とは，主語(＝動作主)＋他動詞＋直接目的語からなる文の直接目的語を主語にしてできる「～が～される」という型の構文のことです．元の能動文に対して受動文と呼ばれます．

　受動文では他動詞が**助動詞 essere＋過去分詞**に書き換えられ，元の主語(＝動作主)は省略されたり，必要なら **da** に導かれる前置詞句「～によって」で示されます．過去分詞は主語(＝元の直接目的語)の性・数に一致します．［例文1，2］

> *a.* Gianni *ama* Maria. 　　ジャンニはマリーアを愛
> 　　　(主語) (他動詞) (直接目的語)　　し(てい)ます．
> *b.* Maria *è amata* da Gianni. 　マリーアはジャンニに愛
> 　　　　　(essere＋他動詞の過去分詞)　　され(てい)ます．

　a. と *b.* はおたがいに書き換え可能な関係にあるとはいえ，*a.* は Gianni を話し手にも聞き手にも了解済みの主題(＝テーマ)としている文であるのに対し，*b.* は Maria がこのような主題になっている文であるところが両者の大きな違いです．

　なお，イタリア語の受動文では元の直接目的語が主語となる際にその位置を動詞の前に移動すれば能動文との対比が鮮明になりますが，主語がしばしば動詞の後に，すなわち元の直接目的語の位置に留まることに注意しておきましょう．例文 2.b. は次のようになります．

　È *invitato* a cena anche Carlo (da Renzo).
　　(レンツォに)夕食に招かれているのはカルロも同様です．

　受動形(助動詞 essere＋他動詞の過去分詞)は直接目的語を要求しないためこの語順が可能ですが，この語順ではとくに anche Carlo が聞き手に新しく伝えられる情報になっています．

* F.Fellini 監督の映画 La strada「道」のなかに Gelsomina の平凡な言い回し *Zampanò* è arrivato！「ザンパノが到着です！」に対して Zampanò の方はより効果的な呼び込みにはと È arrivato *Zampanò*！「到着されたるは(お待ちかねの)ザンパノ！」と言い直させる場面があります．まさに主題(テーマ)＋題述(レーマ)(＝既存の情報＋新情報)という配列法則が当てはまる場合と言えます．

§2 受動構文への注意点

1. 受動構文にはこんにち注意すべき点がいくつかあります．
   a. La porta è *chiusa*．　ドアーは閉められる．→ ドアーは閉まっている．
   b. Chiude (あるいは Chiudono) la porta.　彼(彼ら)がドアーを閉める．

   よく使われる *a.* は *b.* を受動文にしたもの「ドアーは閉められる」と文法的には解釈しうるわけですが，現実には**動作**よりもその結果生じた**状態**「ドアーは閉まっている」(chiuso は過去分詞というより，それに由来する形容詞)と解釈されるのが一般的です．この曖昧さを避けるため，イタリア語では動作には助動詞 essere の代わりに venire を用います．
   La porta *viene chiusa.*　ドアーは閉められる．
   　*スペイン語では ser と estar の使い分けを利用し，動作には ser，状態には estar が選ばれます．

2. 動詞には chiudere「閉める」のようにその行為が必然的に完結するものと amare「愛する」のように状態を指すものとがあるのも事実です．受動構文では La porta è *chiusa* の場合は，動作の結果(状態)を表わす傾向がありますが，あとに da qualcuno「誰かによって」あるいは da due ore「2時間前から」などの補足表現が加われば，それぞれ「閉められる」，「閉まっている」と使い分けられる筈です．これに対して Maria è *amata*．…の場合には，動詞の表わす意味に持続性があるため，「愛される」と「愛されている」のどちらに解釈されても大差はなく，その選択に迫られることはないようです．

なお，La porta *fu chiusa*（遠過去）あるいは La porta *è stata chiusa*（近過去）のように過去時称だと「ドアーは閉められた」と解釈されます．
  ＊この受動形がその起源において完了「〜された」を表わしていたという事情によるものかも知れません．
3. イタリア語では間接目的語(前置詞 a に導かれる)は受動文の主語になることはありません(英語では可能ですが)．
4. 使役・知覚動詞の後に来る他動詞(不定詞)は必然的に受動形に置かれることはありません．
 Gianni ha fatto（visto）*picchiare* Piero da Mario.
　　　　　　　　　　　　＜*essere picchiato*
ジャンニはマリオにピエーロを殴らせた．［＜ピエーロがマリオに殴られる］
(ジャンニはマリオがピエーロを殴るのを見た．)［＜ピエーロがマリオに殴られる］

§3 その他の受動構文

 venire のほか，andare も助動詞 essere に代わって頻繁ではありませんが用いられます．
 Il pacco è *andato perduto*.　その小包は失われました．
 このように過去時称だと受動の働きをしますが，現在時称では義務と解釈されます．
 Questo *va fatto* per domani.　これは明日までに仕上げられるべきです．
 さらに3人称再帰の接語 si＋他動詞も受動形に代わる役割を果たしていると言えます．(例文4．cfr. 第9課§6)
 Si mangia del pesce crudo.
人は生の魚(＝刺身)を食べる．生の魚が食べられる．
 Si mangiano tanti spaghetti.
人はたくさんのスパゲッティを食べる．たくさんのスパゲッティが食べられる．
文法的にはあくまで si を主語とする非人称構文(能動文)です．del

pesce, tanti spaghetti は接語代名詞にすると直接目的語であることが示される筈です。しかし動詞が直接目的語の数に一致して複数に置かれ，意味も受動文に近づくため，この構文は受動と能動の中間的存在と見做すのが妥当でしょう。

§4 受動構文の使用状況

他動詞を助動詞 **essere**＋過去分詞に書き換えて作られる受動構文は，実は書きことば用の文体であって，日常の話しことば，地方の方言ではなじみの薄い存在であると言えます。次の二つの文を比べてみましょう。

> *a.* Gli avanzi *saranno mangiati* dal gatto.
> 　残りものは猫に食べられるでしょう。
> *b.* Gli avanzi li *mangerà* il gatto.
> 　残りものは猫がそれを食べるでしょう。

ともに直接目的語を主題にして，動作主は最後に置かれていますが，*a.* は受動文，*b.* は能動文です。イタリア語として一般に好まれるのは *b.* の方なのです。なお動詞を越えて文頭に出した直接目的語を同一文中で接語代名詞で重複させるのはよくみられる手法です。

しかしながら受動構文は，とくに動作主を明示する必要がない（省略してもよい）とき，あるいは動作主が不明なときには（新聞の簡潔な見出しでは助動詞を省略して）便利な手段として利用されることに注目しておきます。

　È stato eletto il Presidente.　　大統領が選ばれた。
　Pestato a sangue in viale Diaz.　ディーアス通りで傷害（暴行）事件。

§5 語形成

1. 語形成はすでに存在する語から新しい語を作り出す手段ですが，私たちが使用している語を分析して，それがどんな要素から成り立って

いるかを理解させてもくれます．**派生**と**合成**がその主なものです．
2. 派生とはすでに存在する語に**接頭辞**または**接尾辞**(いずれも単独には起こりません)を付け加えることです．

dis + onesto　正直な	→	disonesto　不正直な
inter + disciplinare　学問の	→	interdisciplinare　学際的
orologio　時計 + -aio	→	orologiaio　時計屋
telefono　電話 + -are	→	telefonare　電話する
+ -ico	→	telefonico　電話の

接頭辞は品詞を変えることはありませんが，接尾辞は一般に別の品詞を作る働きをもっています．これが2つの接辞の大きな違いです．disonesto は形容詞をそのまま保持していますが，telefonare では名詞が動詞化されています．orologiaio の場合は名詞という品詞をそのまま保っているとはいえ -aio で「もの」を「人」に変えています．gondola「ゴンドラ」→ gondoliere「ゴンドラ漕ぎ」も同様です．

3. 以下接尾辞の働きの若干例をあげてみます(N：名詞，V：動詞，A：形容詞)．

N → V	sci　スキー	→	sciare　スキーをする
A → V	chiaro　明らかな	→	chiarire　明らかにする

　＊接頭辞を併用することもあります．
　　profondo　深く → approfondire　深める

V → N	insegnare　教える	→	insegnamento　教育
V → A	realizzare　実現する	→	realizzabile　実現しうる
A → N	lungo　長い	→	lunghezza　長さ
N → A	ferrovia　鉄道	→	ferroviario　鉄道の
N → N	auto　自動車	→	autista　運転手
	giardino　庭園	→	giardiniere　植木屋

4. 接尾辞の一種ですが，イタリア語にはことに指小辞，増大辞と呼ばれるものがあります．

> -etto：libro　本　→　libretto　小冊子
> -ino：cara　親愛なる (f.)　→　carina　かわいい
> 　　　　mamma　お母さん　→　mammina　母さん
> 　　　　tardi　遅く　→　tardino　ちょっと遅く
> -otto：giovane　若者　→　giovanotto　青年
> -one：pigro　怠け者　→　pigrone　大怠け者

5. 合成は2つの語を1つに融合するものです．

　ロマンス語の語形成は伝統的に派生語が主流でしたが，過去半世紀くらいの間に合成語が増え続けて来ました．主なタイプはN＋NとV＋Nです．

　N＋Nには2語を結合したものと切り離して綴るもの(ハイフンでつなぐものを含む)とがあります．

> pesce　魚 ＋ cane　犬　→　pescecane　サメ
> pesce　魚 ＋ spada　刀　→　pesce spada　メカジキ
> uomo　人 ＋ rana　蛙　→　uomo-rana　潜水夫
> conferenza　会議 ＋ stampa　新聞
> 　　　　　　　　　　→　conferenza stampa　記者会見
> treno　列車 ＋ merci (pl.)　商品　→　treno merci　貨物列車
> romanzo　小説 ＋ fiume　河　→　romanzo fiume　大河小説
> città　都市 ＋ giardino　庭園　→　città-giardino　庭園都市
> carrozza　客車 ＋ ristorante　レストラン
> 　　　　　　　　　　→　carrozza ristorante　食堂車

　V＋Nでは2語が切り離されずに融合します．Vの形式をめぐっては命令形，直説法現在3人称単数形，動詞の語幹などがあり，それぞれ根拠はありますが，語幹とするのが妥当でしょう．

gratta	引っ掻く ＋ cielo	空	→	grattacielo	摩天楼
porta	運ぶ ＋ voce	声	→	portavoce	スポークスマン
porta	運ぶ ＋ bagaglio	荷物	→	portabagaglio	ポーター
porta	運ぶ ＋ aerei (pl.)	航空機	→	portaerei	空母
porta	運ぶ ＋ chiavi (pl.)	鍵	→	portachiavi	キーホルダー
aspira	吸い込む ＋ polvere	ほこり	→	aspirapolvere	掃除機
stuzzica	つつく ＋ denti	歯(pl.)	→	stuzzicadenti	爪楊枝

このほか

N ＋ A（または A ＋ N）：cassaforte　金庫, altopiano　高原, tavola calda　スナック, alta marea　満潮
A ＋ A：agrodolce　甘酢, chiaroscuro　明暗法
V ＋ V：dormiveglia　夢うつつ
V ＋ 副詞：buttafuori　呼び出し係

あるいは p（前置詞）＋ N などがみられます．

senzatetto　ホームレス

さらに，aeroporto「空港」，astronave「宇宙船」のように古典語起源の合成語の要素 aero-「空気」，astro-「天体」などや，また portaombrelli「傘立て」，parola chiave「キーワード」のように本来の合成語の要素 porta-「運ぶ」，-chiave「鍵」などがこんにち頻繁に用いられるようになり，その結果これらの要素が接頭辞や接尾辞に近い働きをもつまでに至ったことが指摘されます．

＊合成名詞の性には注意が必要です．

練習問題 18

(解答は p. 170)

A. 能動文は受動文に，あるいは逆に書きかえなさい．
 1. Galileo Galilei inventò il cannochiale astronomico.
 2. La radio darà senz'altro questa notizia.
 3. La fabbrica è stata chiusa la settimana scorsa.
 4. La lezione deve essere spiegata di nuovo dal professore.

B. 次の文をイタリア語に訳しなさい．
 1. ボローニァ大学は12世紀に創立されました．
 2. 強風で多くの樹が根こそぎ倒れ(sradicare)ました．
 3. この大学では多くの外国語が教えられています．
 4. スペイン語も簡単に学べます．

Venezia：サンマルコ広場

Venezia：大運河

第19課 接続法現在，接続法過去

基本表現

1. a. Ecco una penna che scrive bene.
   エッコ ウーナ ペンナ ケ スクリーヴェ ベーネ
   ここによく書けるペンがあります．
   b. Ci vuole una penna che scriva bene.
   チ ヴゥオーレ ウーナ ペンナ ケ スクリーヴァ ベーネ
   よく書けるようなペンが必要です．
2. Temo che non venga.
   テーモ ケ ノン ヴェンガ
   私はあの人が来ないのではと心配です．
3. È necessario che Lei studi il congiuntivo.
   エ ネチェッサーリオ ケ レーイ ストゥーディ イル コンジュンティーヴォ
   あなたは接続法を勉強する必要があります．
4. Sebbene piova, ci vado lo stesso.
   セッペーネ ピオーヴァ チ ヴァード ロ ステッソ
   たとえ雨が降っても，同様に私はそこへ行きます．
5. Aspetti un po'. Vado a cercarlo.
   アスペッティ ウン ポ ヴァード ア(ッ) チェルカルロ
   一寸お待ち下さい．彼を探してみます．

〔語句〕
congiuntivo m. 接続法, **sebbene** 〜にもかかわらず, **lo stesso** 同様に

§1 接続法

現実に起こっている出来ごとをそのままに伝えようとするとき動詞は直説法を用います．これに対して現実に起こっていなくても頭の中で主

観的に考えられる出来ごとを伝えようとするとき動詞は**接続法**を用います．

接続法という名称は，一般に接続法が接続詞に導かれる従属節のなかで用いられるためですが，主節でも用いられます．従属節のなかで用いるときは，そこに表現的な価値(意味)が認められる場合とまったく形式的(自動的)に用いられる場合とがあります．

接続法には接続法現在と接続法半過去とがあります．

§2 接続法現在

どの動詞でも語幹に次のような**語尾**を付けて作られます．

	単数	複数
1人称	-i, -a	-iamo
2人称	-i, -a	-iate
3人称	-i, -a	-ino, -ano

＊-a, -ano は第2・3活用動詞の場合．

＊単数では1〜3人称がすべて同形，1人称複数の語尾は直説法現在とすべて同形，2人称複数の語尾はすべて -iate です．

第1活用動詞 amare 愛する	第2活用動詞 scrivere 書く	第3活用動詞 sentire 聞く
ami	scriva	senta
ami	scriva	senta
ami	scriva	senta
amiamo	scriviamo	sentiamo
amiate	scriviate	sentiate
amino	scrivano	sentano

第1活用動詞と第2・3活用動詞との間でテーマ母音の **a** と **e, i** とが

差し違えになるのが特徴です．

アクセントは直説法現在のときの要領です．

　　＊ここではテーマ母音に相当するものが語尾の側に組み込まれていると考えることができます．

　　＊第1活用動詞のうち語根が **-c, -g** に終わるもの，第2活用動詞のうち語根が **-c, -g, -sc** に終わるものは，文字や発音の調整を行います（直説法現在の語尾変化の場合と同様．cfr. 第6課§2）．

　　＊第3活用動詞のうち，直説法現在で **-isc-** を挿入した動詞は，接続法現在においても同じ方法で **-isc-** が挿入されます．

不規則な接続法現在

　avere　持っている：abbia, abbia, abbia, abbiamo, abbiate,
　　　　　　　　　　abbiano
　essere　〜である：sia, sia, sia, siamo, siate, siano
　dire（＜dicere）言う：dica, dica, dica, diciamo, diciate, dicano
　fare　する：faccia, faccia, faccia, facciamo, facciate, facciano
　sapere　知る：sappia, sappia, sappia, sappiamo, sappiate,
　　　　　　　　sappiano
　volere　〜したい：voglia, voglia, voglia, vogliamo, vogliate,
　　　　　　　　　　vogliano
　dare　与える：dia, dia, dia, diamo, diate, diano
　stare　〜でいる：stia, stia, stia, stiamo, stiate, stiano
　andare　行く：vada, vada, vada, andiamo, andiate, vadano
　dovere　べきである：debba, debba, debba, dobbiamo,
　　　　　　　　　　　dobbiate, debbano
　porre（＜ponere）置く：ponga, ponga, ponga, poniamo,
　　　　　　　　　　　　poniate, pongano
　potere　出来る：possa, possa, possa, possiamo, possiate,
　　　　　　　　　possano
　sedere　座る：sieda, sieda, sieda, sediamo, sediate, siedano
　uscire　出る：esca, esca, esca, usciamo, usciate, escano

salire　昇る：salga, salga, salga, saliamo, saliate, salgano
scegliere　選ぶ：scelga, scelga, scelga, scegliamo, scegliate, scelgano
tenere　持つ：tenga, tenga, tenga, teniamo, teniate, tengano
spegnere　消す：spenga, spenga, spenga, spegniamo, spegniate, spengano
venire　来る：venga, venga, venga, veniamo, veniate, vengano

§3　接続法現在の有効な用法（従属節にて）

接続法の存在は，次のように直説法と対比する（置きかえてみる）ことにより，たやすく理解されます．

1. 主節の動詞 credere「思う」，pensare「考える」，sperare「望む」などを肯定で用いるとき，これに従属する名詞節（直接目的語となる）のなかでは接続法現在はそこに述べられている内容が可能性のレベルであることを表わします．代わりに直説法現在を用いるとその内容に現実味があることが示されます．なお主節の動詞が否定に置かれると，従属節では必然的に接続法現在が用いられます．

Credo che Paolo *sia* contento.	パオロは満足しているのではと私は思います．
→ Credo che Paolo *è* contento.	パオロは満足していると私は思います．
→ Non credo che Paolo *sia* contento.	パオロが満足しているとは思いません．
Pensano che *venga*.	彼らは彼が来るのではないかと考えています．
→ Pensano che *viene*.	彼らは彼が来るものと考えています．
Spero che *venga* fra poco.	私は彼がまもなく来るようにと願っています．

> → Spero che *verrà* fra poco. 私は彼がまもなく来る筈だと願っています．

＊ sperare の後では直説法なら未来形がよく用いられます．

2. 名詞を修飾する関係節のなかで，接続法現在はその名詞が表わすものがそこに不在のため探し求められていることを示します．主文の動詞が cercare「探す」, desiderare「欲する」, occorrere「必要である」などの場合です．これに対して名詞の表わすものが現実に存在している場合は直説法現在が用いられます(これに伴い主文の動詞も変わります)．[例文１]

> Cerco una segretaria che *sappia* parlare ungherese.
> 　私はハンガリー語の話せるような女秘書を探しています．
> → Ecco una signorina che *sa* parlare ungherese.
> 　ハンガリー語の話せるお嬢さんがここにいます．

3. 接続詞 perché「なぜなら，〜するように」, in modo che「〜するように」などの後で，接続法は目的や予想を表わすのに対し，直説法は単に事実を述べているに過ぎません．

> Lo faccio perché *capisca*. 彼が分ってくれるようにそれをしています．
> → Lo faccio perché *capisce*. 彼が分ってくれるのでそれをしています．

Parlano lentamente in modo che *possa* capire.
彼らは彼が理解できるようにゆっくり話しています．
Nasconditi in modo che non ti *trovino*.
見つからないように隠れていなさい．

§4 接続法現在の有効な用法（主節にて）

1. 3人称単数の Lei（敬称としての）に対して丁寧な命令として使われます．［例文5］

    Senta! — Mi *dica*.　　　すみません，ちょっと（＝お聞きください）
    　　　　　　　　　　　　　　— どうぞ（＝私におっしゃって下さい）．

    S'accomodi.　　　　　　　お入り下さい，お座り下さい．
    　　　　　　　　　　　　　　（＜accomodarsi「くつろぐ」）

    Ci *porti* la lista, per favore.　どうぞ私たちにメニューを持って来てください．

    Vada via e non *torni* più.　立ち去ってもう戻らないで下さい．

    ＊3人称複数(Loro)に対しても丁寧な命令形はもちろん存在しますが，こんにちではとくに形式にこだわらなければ2人称複数(voi)に対する命令形で代用することができます．

2. 願望あるいは疑念を表わします（しばしば che に導かれて）．

    (Che) Dio vi *benedica*!　　あなた方に神のご加護を！
    Dio *protegga* l'Italia!　　　神よ，イタリアを守りたまえ！
    Che non *venga* più?　　　　もう来ないようだな．

    ＊これらは対応する主節が省略された結果本来の従属節が残ったと解釈することも可能です．

§5 接続法現在の形式的用法（従属節にて）

　主節の動詞が表わす意味内容に応じて，従属節の事柄が現実のものではなく，可能性をはらむものとなるとき，そこでは自動的に接続法が用いられます．

1. 要求，願望，疑惑，驚き・喜びなどの感情，意見などを表わす次のような動詞に支配された従属節のなかで：［例文2, 3］
    bisognare・è necessario「必要である」, bastare「十分である」, augurare「祈る」, sperare「希望する」, volere「～したい」, avere

paura・temere「心配する」, dubitare・sospettare「疑う」, meravigliarsi「驚く」, parere・sembrare「〜のようである」, dispiacere「残念である」, rallegrarsi「喜ぶ」, essere contento「満足している」, può darsi「かも知れない」, è possibile・probabile「可能である」, è naturale「当然である」, è ora「〜すべき頃合いである」, credere「思う」, pensare「考える」など.

Bisogna che tutti *tornino* a casa.	みんな家へ帰る必要がある.
È necessario che voi *leggiate* qualche giornale italiano.	君たちはなにかイタリア(語)の新聞を読むことが必要です.
Mio padre vuole che io *impari* l'italiano.	私の父は私がイタリア語を習うよう望んでいます.
Temo che Lei *faccia* tardi.	私はあなたが遅くなりそうで心配です.
Sembra che tutto *vada* bene.	すべてうまくいっているようです.
Mi rallegro che tu *parli* bene l'italiano.	ぼくは君がうまくイタリア語が話せて嬉しい.
Credo che *abbiate* ragione.	私はあなた方は正しいと思います.

　　＊イタリア語では主節の主語と従属節の主語が等しい場合, 従属節は不定詞で書き換えられます. Credo d'aver ragione. 私は自分は正しいと思います.

Può darsi che Lei *sia* occupato nel pomeriggio.	おそらくあなたは午後はお忙しいのでしょう.
È naturale che Lei non *capisca* bene ancora.	あなたがまだよくお分りにならないのは当然です.
È ora che *incominci* a lavorare.	働き始める時です.

　　＊なお, credere, pensare, sperare などのあとでは直説法の使用も可. (cfr. §3)

さらに capire「分る」, sapere「知る」, essere chiaro「明らかである」などが否定形に置かれると接続法が要求されます.

Capisco perché è così.	なぜそうなのか分ります.

→ Non capisco perché *sia* così.　なぜそうなのか分りません．

2. 目的，条件，譲歩，様式，時などを表わす次のような接続詞に導かれた従属節のなかで：［例文 4 ］
perché・affinché「〜するために」, purché「〜ならば」, a meno che「〜でなければ」, benché・sebbene・per quanto「〜であっても」, in modo che「〜するように」, troppo … perché「〜するにはあまりに…である」, prima che「〜する前に」, finché「〜するまで」

Perché *fiorisca*, questa pianta ha bisogno di molto calore.
この植木は花を開かせるにはとても暖かいところが必要です．

Devo sbrigarmi affinché tutto *sia* pronto per la festa.
私は急いでパーティーの準備を整えなければなりません．

Benché *sia* ormai tardi, ha deciso di partire.
もう遅かったが彼は出発することを決心したのです．

Per quanto ricco *sia*, non è felice.
彼はたとえ金持ちでも幸福ではありません．

Ti manderò tutto prima che tu *parta*.
君が出発する前に全部送りましょう．

Verrò domani *a meno che* non piova.
私は雨さえ降らなければ明日来ましょう．

Il libro è troppo banale perché ti *possa* piacere.
その本は君に気に入ってもらうにはありきたり過ぎる．

3. 最上級の形容詞ほか，primo「最初の」, ultimo「最後の」unico「唯一の」などの形容詞に修飾された名詞への関係節のなかで
È il quadro più bello che *conosca*.
私の知っているもののうち一番美しい絵です．

È l'ultimo numero della rivista che ci *sia* arrivato.
到着した雑誌の最新号です．

§6　接続法過去

完了の助動詞(avere または essere)の接続法現在＋主動詞の過去分詞からなる複合時称は，**接続法過去**と呼ばれます．

用法は接続法現在に準じ，直説法の現在と近過去との関係に対応するものです．

Temo che non *venga*.　　　　　来ないのではと心配です．
Temo che non *sia venuto*.　　　来てないのではと心配です．

練習問題 19

(解答は p. 171)

A.　カッコ内の表現を含む文を完成しなさい．
 1.　Il tempo è bello (spero che).
 2.　Non riesce nell'esame (ho paura che).
 3.　I genitori amano i figli (è naturale che).
 4.　Vai a casa, stanco come sei (è bene che).

B.　カッコ内の不定詞を接続法現在に直しなさい．
 1.　Noi abbiamo paura che voi non (capire).
 2.　Credo che lui (parlare) bene l'italiano.
 3.　Non ricordo se tu mi (avere telefonato).

C.　次の文をイタリア語に訳しなさい．
 1.　あなたはこの課を繰り返す必要があります．
 2.　私はとても働いたけれど(benché)疲れてはいません．

parlare「話す」と dire「言う」

　dire「言う」はラテン語 DICERE に遡る伝統的なことばです．parlare の方はギリシャ語起源で，キリストの教えを比喩で語ることを意味していたものが「話す」意味で普及したものです．こんにちではこの類義語のニュアンスの違いを知るには，次の表現を比べるとよいでしょう．

　　parlare molto dicendo poco
　　おしゃべりだが，言っている中味は少ない
　　dire molto parlando poco
　　ことばは少ないが，多くのことを語っている

Cosenza：旧市街

第20課 接続法半過去，接続法大過去，時称の一致，直接・間接話法

基本表現

1. a. **Temo che non venga.**
   テーモ　ケ　ノン　ヴェンガ
   私はあの人が来ないのではと心配です．

   b. **Temevo che non venisse.**
   テメーヴォ　ケ　ノン　ヴェニッセ
   私はあの人が来ないのではと心配でした．

2. a. **Sapevo che era uno scherzo.**
   サペーヴォ　ケ　エーラ　ウーノ　スケルツォ
   私は冗談だと分っていました．

   b. **Non sapevo che fosse uno scherzo.**
   ノン　サペーヴォ　ケ　フォッセ　ウーノ　スケルツォ
   私は冗談だとは分っていませんでした．

3. a. **Se avremo soldi, andremo in Italia.**
   セ　アヴレーモ　ソルディ　アンドゥレーモ　イン　イターリア
   お金ができたら，私たちはイタリアに行くでしょう．

   b. **Se avessimo soldi, andremmo in Italia.**
   セ　アヴェッスィモ　ソルディ　アンドゥレンモ　イン　イターリア
   もしお金があったら，私たちはイタリアへ行くでしょうに．

〔語句〕
scherzo m. いたずら，**soldi**（＜**soldo**）m. pl. お金

§1 接続法半過去

すべての動詞で語幹に次の語尾を付けて作られます．

	単数	複数
1人称	-ssi	-ssimo
2人称	-ssi	-ste
3人称	-sse	-ssero

第1活用動詞 amare 愛する	第2活用動詞 scrivere 書く	第3活用動詞 sentire 聞く
amassi	scrivessi	sentissi
amassi	scrivessi	sentissi
amasse	scrivesse	sentisse
amassimo	scrivessimo	sentissimo
amaste	scriveste	sentiste
amassero	scrivessero	sentissero

アクセントはテーマ母音の上です．

不規則な接続法半過去

essere ～である：fossi …

dare 与える：dessi …

stare ～でいる：stessi …

＊特殊な語幹がみられるのはわずかの動詞です．そのほかの語幹は直説法半過去の場合と同じです．

§2 接続法半過去の用法（従属節にて）

1. 原則として接続法現在の用法に準じます．主節の動詞が過去時称に置かれるとき，（主節の動詞が現在時称のときの）接続法現在に代わるものです．

> Temo che non *venga*.　私は彼が来ないのではと心配です．
> → Temevo che non *venisse*.
> 　私は彼が来ないのではと心配でした．

2. 接続詞 **se**「もし～なら」に導かれて，現在の事実に反する条件を表わすのに用いられます．結びの主節には条件法現在(cfr. 第16課)が用いられます．

   Se *fossi* ricco, acquisterei un appartamento al centro.
   もし私が金持ちでしたら，中心部に集合住宅を購入するのですが．
   Ti divertiresti, se *venissi* con noi.
   君はぼくたちと一緒に来れば楽しめるのに．
   　＊現実的な条件には，接続詞 se の後で直説法が用いられ，結びの主節にも直説法が可能です．
   　　Se non ti sbrighi, farai tardi.　君は急がないと，遅れますよ．

3. 接続詞 **quasi, come se**「あたかも～のように」に導かれた節にて．
   Urlava quasi *fosse* impazzito.
   彼はまるで狂ったかのようにどなり声を上げていた．
   Fa' come se *fossi* a casa tua.
   君の(自分の)家にいるようにしてくれたまえ．
   Si comportava come se *fosse* lui il padrone.
   彼はまるで主人ででもあるかのように振舞っていた．

§3　接続法半過去の用法(主節にて)

現在の事実に反する願望を表わします．
Magari *fosse* vero !　本当であればよいのだが !
Almeno *facesse* bel tempo !　せめて晴れてくれれば !
　＊しばしば magari「ならばよいが」, almeno「せめて」などを伴なって用いられます．

§4 接続法大過去

完了の助動詞（**avere** または **essere**）の接続法半過去＋主動詞の過去分詞からなる複合時称は，接続法大過去と呼ばれます．

1. 用法は接続法半過去に準じ，その完了形（大過去）に当たります．

> Temevo che non *venisse*.　私は彼が来ないのではと心配でした．
> → Temevo che non *fosse venuto*.
> 　私は彼が来てないのではと心配でした．

2. **se**＋接続法大過去は過去の事実に反する条件を表わすことになります（**se**＋接続法半過去が現在の事実に反する条件を表わすのに対して）．

Se *avessi avuto* il denaro, avrei comprato una villa al mare.
　私は（あの時）お金を持っていたら，海辺に別荘を買っていたでしょうに．

§5 時称の一致

主節の時称と従属節の時称との間には時称の一致と呼ばれる**呼応**がみられます．

イタリア語では**主節の動詞が現在時称**であれば，従属節の時称には直説法ならば（それが主節に置かれても通用するものであれば）特別の制限はありません．

> L'italiano *si impara* facilmente.　イタリア語は簡単に学べます．
> → *So* che l'italiano *si impara* facilmente.
> 　私はイタリア語が簡単に学べることは知っています．
> Nel 1980 *siamo stati* in Giappone.
> 　私たちは1980年日本に行きました．
> → *Mi ricordo* che nel 1980 *siamo stati* in Giappone.
> 　私は私たちが1980年日本に行ったことを覚えています．

ところが主節の動詞が過去時称に置かれると，従属節の時称に一定の制約が生じます．たとえば主節の動詞が過去時称のとき，従属節のなかの接続法は接続法半過去です．

このように主節が過去時称(近過去を含む)だと，従属節のなかでは，発話者がもともと現在形で語っていた筈のものであっても(絶対的な真理などを述べている場合は除く)過去を基準とする形式に改められます．

まず従属節のなかの直説法の使われ方の主なものに注目すると，たとえば過去における同時的な出来ごとに対しては直説法半過去．

Gli ho chiesto che cosa *faceva* in quel momento.
私は彼にその時何をしているのか尋ねました．

過去におけるそれ以前の出来ごとに対しては直説法大過去．

Gli domandavo dove *aveva passato* le vacanze.
私は彼に休暇はどこで過ごしたのかを尋ねていました．

過去におけるそれ以後の出来ごとに対しては直説法半過去(または条件法過去)．

Carlo mi ha promesso che *veniva* (*sarebbe venuto*) a trovarmi.
カルロは私に会いに来ると約束しました．

次に従属節のなかの接続法の使われ方の主なものを順に見ると，同時的な出来ごとには接続法半過去．

Gli ho chiesto che cosa *facesse* in quel momento.
私は彼にその時何をしているのかなと尋ねました．

それ以前の出来ごとには，接続法大過去(または接続法半過去)．

Mi domandavo dove Alberto *avesse passato* (*passasse*) le vacanze.
私はアルベルトがどこで休暇を過ごしたのだろうかと思っていました．

それ以後の出来ごとには，接続法半過去(または条件法過去)．

Non immaginavo che *arrivasse* (*sarebbe arrivato*) in tempo.
私は彼が遅れずに到着するとは思っていませんでした．

§6 直接話法と間接話法

人の話したことばをそのままの形で伝えるのは**直接話法**，話し手のことばに直して伝えるのは**間接話法**と呼ばれます．

> 直接話法　Sabina mi dice : "Sono contenta di incontrarti".
> 　　　　　サビーナは私に「君に会えてうれしいです」と言っています．
> →間接話法　Sabina mi dice *che è* contenta di incontrarmi.
> 　　　　　サビーナは私に私に会えてうれしいと言っています．

直接話法を間接話法に直すとき，従属節のなかでは時称の一致（cfr.§5）が適用されるほか，疑問文や命令文を直す場合，人称代名詞や副詞を伴っている場合など，必要に応じてそれぞれ調整が行われます．

Mi ha domandato : "Quando viene ?"
彼は私に「いつ来るの？」と聞きました．
→ Mi ha domandato *quando andavo*.
　彼は私にいつ来るのかを尋ねました．

Giorgio mi ha domandato : "Vieni con noi ?"
ジョルジョは私に「私たちと一緒に来る？」と尋ねました．
→ Giorgio mi ha domandato *se andavo* con *loro*.
　ジョルジョは私に彼らと一緒に行くかどうかを尋ねました．

Ci ha detto : "venite !"　彼は私たちに「いらっしゃい」と言った．
→ Ci ha detto *di andare.*　彼は私たちに来るように言った．

Silvana mi ha detto : "L'ho visto ieri."
シルヴァーナは私に「私は昨日彼を見ました」と言いました．
→ Silvana mi ha detto *che* l'*aveva* visto *il giorno prima*.
　シルヴァーナは私に彼女は前日に彼を見たと言いました．

§7 動詞の語尾変化のまとめ

イタリア語の動詞（定形）の**活用語尾**を一覧表にまとめると次のようになります．

	直説法現在	直説法半過去	直説法遠過去	直説法未来	条件法現在	接続法現在	接続法半過去
1人称単数	-o	-vo	-i	-rò	-rei	-i(a)	-ssi
2人称単数	-i	-vi	-sti	-rai	-resti	-i(a)	-ssi
3人称単数	-a(e)	-va	-	-rà	-rebbe	-i(a)	-sse
1人称複数	-iamo	-vamo	-mmo	-remo	-remmo	-iamo	-ssimo
2人称複数	-te	-vate	-ste	-rete	-reste	-iate	-ste
3人称複数	-no	-vano	-rono	-ranno	-rebbero	-ino (ano)	-ssero

＊( )カッコ内は第2および第3活用動詞の場合．

＊現代イタリア語では，ことに直説法現在と接続法現在の一部で，テーマ母音に相当するものが語尾の側に組み込まれていると考えることができます．

＊複合時称(近過去など)は助動詞(avere または essere)の活用形に主動詞の過去分詞を加えて作られます．

練習問題 20

（解答は p. 171）

A. 次の文をカッコ内の表現を加えた文にしなさい．
1. La mia amica mi telefona (speravo che).
2. È in casa (non sapevo se).
3. Va a chiedere scusa (era necessario che).
4. Il traffico è intenso e non può arrivare in tempo (diceva che).

B. 直接話法は間接話法に，あるいはその逆に書きかえなさい．
1. Franco disse:《Oggi potete rimanere a pranzo a casa mia》.
2. Carla disse che allora era troppo tardi per uscire.
3. Gianni ha detto:《Oggi darò l'ultimo esame e poi partirò》.

C. 次の文をイタリア語に訳しなさい．
1. こんなに難しいなんて思いも寄らなかった．
2. お天気であったら散歩するのですが．

Cagliari：Sant'Ignazio 教会鐘楼

イタリアの州

1 ヴァッレ・ダオスタ
2 ピエモンテ
3 ロンバルディーア
4 トレンティーノ・アルト
　アーディジェ
5 ヴェネト
6 フリウリ・ヴェネッツィア
　ジューリア
7 リグーリア
8 エミリア・ロマーニァ
9 トスカーナ
10 ウンブリア
11 マルケ
12 ラッツィオ
13 アブルッツォ
14 モリーゼ
15 カンパーニァ
16 プーリア
17 バジリカータ
18 カラーブリア
19 シチリア
20 サルデーニァ

練習問題解答

練習問題 1 (p. 21)

A. 1. un   2. una   3. una   4. un   5. una
   6. un' 7. un   8. uno
B. 1. l'   2. la   3. la   4. l'   5. la
   6. l'   7. il   8. lo
C. 1. alberi   2. scuole   3. cani   4. bicchieri
   5. giornalisti 6. chiese   7. gatti   8. biglietti

練習問題 2 (p. 27)

A. 1. Siamo giapponesi.   2. Siete italiani.
   3. È italiano/a ?
   4. Non sono italiano/a, sono svizzero/a.
   5. Hai la macchina ?   6. Sì, ho la macchina.
   7. Avete una lezione d'italiano.
   8. Oggi abbiamo la riunione.
B. 1. nuova   2. facili   3. aperte   4. leggera
   5. interessanti 6. chiusa   7. difficili 8. vicina

練習問題 3 (p. 31)

A. 1. porto…   2. metto…   3. compro…   4. studio…
   5. firmo…   6. temo…   7. prendo…   8. dormo…
B. 1. parliamo 2. ricevete 3. apri   4. parlano
   5. finisco

練習問題 4 (p. 38)

A. 1. del   2. da   3. al   4. in, a
B. Per es :
   di: Sono di Kyoto.
   su: I bicchieri sono sulla tavola.

con: Scrivo con la penna, non con la matita.
        Vado a Roma col treno, non con l'aereo.
in: Abita in Italia, non in Francia.
dopo: Dopo cena andiamo al cinema.

練習問題 5 (p. 47)

A. 1. Quello è il tuo dizionario, quella è la tua penna.
   2. Il tuo dizionario è quello, la tua penna è quella.
   3. Quel dizionario è tuo, quella penna è tua.
B. 1. I miei fratelli sono tipi divertenti.
   2. La settimana prossima il mio amico parte per la Francia. È pronto il suo passaporto ?

練習問題 6 (p. 54)

A. 1. conoscete   2. esco   3. rimaniamo
   4. dìte   5. mangi
B. 1. 私は庭で遊びますが疲れていません.
      Giochiamo in giardino e non siamo stanchi.
   2. 私はイタリア語を十分には知っていないので、まだカルヴィーノが読めません.
      Non possiamo ancora leggere Calvino, perché non conosciamo abbastanza bene l'italiano.
   3. 私たちは文法を勉強して忘れません.
      Studio e non dimentico la grammatica.

練習問題 7 (p. 61)

A. 1. Sono le dieci e un quarto.   2. Sono le undici e cinquanta.
   3. Sono le tre e quaranta.   4. Sono le sei e mezza.
B. 1. È martedì.   2. Ne abbiamo dodici.
   3. Siamo in luglio.   4. Preferisco l'estate.

練習問題 8 (p. 69)

A. 1. Ti offro un gelato.
   2. Porto loro due bottiglie di vino.
   3. Gli compro un bel regalo.

B. 1. Sì, lo aiutiamo. 2. No, non la compro.
　 3. Penso di incontrarla a scuola.
C. 1. Quando mi telefoni ?
　 2. Gli dico la verità, ma non mi crede.
　 3. Io lo vedo ma lui non mi vede.

練習問題 9　(p. 77)

A. 1. abbiamo studiato　　2. avete capito　　3. è partito
　 4. ha incontrato, sono entrate　　5. è andato, è già finito
B. 1. mi sveglio　　2. mi lavo
C. Mi chiamo…

練習問題 10　(p. 84)

A. 1. cantavo, accompagnavi　　2. lavolavo, guardavi
B. 1. prendevamo, è suonato　　2. preparavo, apparecchiavi
C. 1. mi annoiavo, sono andato/a, c'era

練習問題 11　(p. 91)

A. 1. Sì, ci vado spesso.　　2. Ce ne sono dodici.
　 3. Sì, ne parliamo (spesso).
B. 1. Vuole andare in Italia ? — Sì, ci voglio andare.
　 2. Passate per quella strada ? — Sì, ci passiamo ogni giorno.
　 3. Ha fratelli ? — Sì, ne ho due.

練習問題 12　(p. 96)

A. 1. Sto facendo un compito.
　 2. State studiando la grammtica italiana.
　 3. Stanno prendendo un gelato.
B. 1. apri　　2. chiuda　　3. chiamiamo

練習問題 13　(p. 104)

A. 1. L'argento è meno prezioso dell'oro.
　 2. Ieri il tempo era meno sereno di oggi.
　 3. Il vino dell'anno passato è meno buono di quello di questo'

B. 1. più, del(l') 2. meno, del(la) 3. il, più, dell'
anno.

練習問題 14 (p. 114)

A. 1. La signorina che studia a Siena è giapponese.
2. Ho dimenticato al bar il giornale che mi hai prestato.
3. Ecco il professore di cui ti ho spesso parlato.
B. 1. Faccio bere la medicina al bambino.
2. Pochi minuti fa ho visto uscire Massimo.

練習問題 15 (p. 122)

A. 1. mangerai…, avrai… 2. scriverai…
3. leggerai…, sarai…
B. 1. prenderò 2. rimarremo 3. dovranno

練習問題 16 (p. 128)

A. 1. Scriverei… 2. Vorrei… 3. Mi piacerebbe…
4. Sarebbe…
B. 1. Vorrei mangiare una pizza.
2. A Firenze visiterei il Museo del Bargello.
3. Le piacerebbe imparare l'italiano ?
4. Maurizio vorrebbe partire presto domani mattina.

練習問題 17 (p. 136)

A. 1. parlò 2. morirono
B. 1. aveva avuto 2. Era uscito
C. 1. Leonardo nacque a Vinci, piccolo paese vicino a Firenze nel 1452.
2. Ora mi ricordo, era un lunedì quando arrivò quella persona.

練習問題 18 (p. 146)

A. 1. Il cannocchiale astronomico fu inventato da Galileo Galilei.
2. Questa notizia sarà data senz'altro per radio.
3. Hanno chiuso la fabbrica la settimana scorsa.

    4. Il professore deve spiegare di nuovo la lezione.
B. 1. L'università di Bologna fu fondata nel dodicesimo secolo.
    2. Molti alberi furono sradicati dal vento fortissimo.
    3. In questa università si insegnano molte lingue straniere.
    4. Anche lo spagnolo si impara facilmente.

練習問題 19 (p. 156)

A. 1. Spero che il tempo sia bello.
    2. Ho paura che non riesca nell'esame.
    3. È naturale che i genitori amino i figli.
    4. È bene che tu vada a casa, stanco come sei.
B. 1. capiate   2. parli   3. abbia telefonato
C. 1. È necessario che Lei ripeta questa lezione.
    2. Benché abbia lavorato tanto, non sono stanco.

練習問題 20 (p. 164)

A. 1. Speravo che la mia amica mi telefonasse.
    2. Non sapevo se fosse in casa.
    3. Era necessario che andasse a chiedere scusa.
    4. Diceva che il traffico fosse intenso e non potesse arrivare in tempo.
B. 1. Franco disse che quel giorno potevamo rimanere a pranzo a casa sua.
    2. Carla disse: «Ora è troppo tardi per uscire.».
    3. Gianni ha detto che quel giorno avrebbe dato l'ultimo esame e poi sarebbe partito.
C. 1. Non immaginavo che fosse così difficile.
    2. Se facesse bel tempo, farei una passeggiata.

文法事項索引

ア

あいさつ　39
アクセント(単語の)　10
アルバニア語　15
アルファベート　1
andare(受動構文)　141
イタリア語は　12
イタリアの州　166
イントネーション　12
イントネーション(下降型)　12, 103
イントネーション(上昇型)　12
イントネーション(平板型)　12
Ecco …　46
音節　11
音節基準的言語　11

カ

開音節　3, 11
過去分詞　72
過去未来　127
家族　105
カタルニア語　13
仮定文　126
ガリシア語　13
関係形容詞　110
関係節　109
関係代名詞　107
関係副詞　110
冠詞　19
冠詞付き前置詞　33
間接話法　163
感嘆符　103
感嘆文　103
間投詞　102
気象(の表現)　59
基数　58, 80
chi「～する人」　109
擬声語　103
季節　58
北イタリア方言　13
疑問文　12, 26
強勢基準的言語　11
強勢代名詞　63, 66
ギリシャ語　15
近過去　131, 134
quasi　160
Questo è …　21
唇歯音　8
クロアチア語　15
敬称　23, 96
形容詞(+前置詞)+不定詞　121
硬口蓋音　8
合成　143, 144
語形成　142
ことわざ　29
語尾　164

語末母音・音節の切捨て　90
語末母音の省略　76
come se　160
固有名詞とその派生形容詞(名詞)
　　　115
コルシカ語　14

サ

再帰代名詞　73
再帰動詞　74
再構成　89
最上級　100
最上級(ラテン語起源の)　101
sapere と conoscere「知っている」
　　　54
sapere と potere「〜できる」　53
サルジニア語　13
子音　4,8
子音連結　9
使役動詞　110
使役動詞＋不定詞　110
ジェルンディオ　93
色彩名　123
時刻(の表現)　57
指示形容詞　44
指示代名詞　44
時称　28
指小辞　143
時称の一致
自動詞　71,72,110,111
シュー音　7
従属節　107,119,127,136,149,151,
　　　154,161,162,163

従属接続詞　135
12カ月　58
主語人称代名詞　23
主節　119,125,127,136,149,151,
　　　153,154,159,160,161,162
主題(テーマ)　140
受動構文　139
受動構文への注意点　140
受動文　139
条件法　124
条件法過去　126,162
条件法現在　125
序数　81
女性名詞　17
所有格　108
所有形容詞　41
所有形容詞の用法　43
所有代名詞　43
進行形　92
si の非人称的用法　75
si ＋他動詞　141
スー音　7
数詞　58
数詞の用法　82
数(名詞の)　17
stra-「超〜」　101
スペイン語　13
スロヴェニア語　14
世紀(の表現)　82
性(名詞の)　16
接語代名詞　63
接語代名詞の組み合わせ　66
接語 ne　88
接語の位置　89,94,95,96

接続詞　135
接続法　148
接続法過去　156
接続法現在　149
接続法現在の用法　151,153,154
接続法大過去　161
接続法半過去　158,162
接続法半過去の用法　159,160
絶対最上級　100
絶対最上級の名詞化　100
接頭辞　143
接尾辞　143
狭母音　2
zero「ゼロ」　81
先行詞　107,108,109
前置詞　33〜37
前置詞 a　35
前置詞 in　35
前置詞 con　35
前置詞 su　35
前置詞 da　35
前置詞 di　34
前置詞 fra(=tra)　36
前置詞 per　36
線の過去　79
増大辞　143
側音　8

タ

第1活用動詞　29,30
第3活用動詞　29,30
第3活用動詞(-isc-)　30
題述(レーマ)　140

第2活用動詞　29,30
多音節　33,36
他動詞　71,73,110,111,139,141,142
単音節　33,34
単数形(名詞の)　17
男性名詞　17
ダンテ　13
ci(=vi)　87
c'è…, ci sono…　87
知覚動詞　111
知覚動詞＋不定詞　111
中・南イタリア方言　13
直説法　29
直説法遠過去　131
直説法近過去　71
直説法現在　30,49
直説法前過去　135
直説法前未来　119
直説法大過去　134,162
直説法半過去　78,162
直説法未来　117
直接話法　163
テーマ母音　29,79,117,132,149,159,164
定冠詞　19
定冠詞＋quale　108
定形　29
丁寧な命令　96
点の過去　79
ドイツ語　14
等位接続詞　135
動詞　28
動詞 avere　24

174

動詞 essere　24
動詞句　31
動詞の現在形―注意すべき調整　52
動詞の語尾変化（まとめ）　163
動詞＋前置詞＋不定詞　120
同等比較級　99
動物を表わす名詞　19
時の表現　68
トスカーナ方言　13

ナ

軟口蓋音　8
２重子音　9
２重子音（統語上の）　9
２重母音　3
２重母音（下降型）　4
２重母音（上昇型）　4
ネオ・ラテン語　13
能動文　139

ハ

歯音　8
破擦音　8
場所の表現　83
派生　143
parlare と dire　157
半過去　131,134
piacere「～に気に入る」　65
鼻音　8
比較級　99
比較級（ラテン語起源の）　101
比較構文　98

日付け　58
非定形　29
否定の命令形　95
否定文　26
人を表わす名詞　18
広母音　2
品質形容詞　24
品質形容詞の位置　24
不規則動詞　49
不規則な遠過去形　132
不規則な過去分詞　72
不規則な形容詞　60
不規則な接続法現在　150
不規則な未来形　118
不規則な名詞　60
不規則な命令形　95
複合時称　119,125,126,127,134,
　　　　　135,156,161,164
複合動詞　110
副詞　112
副詞の位置　113
副詞の比較級・最上級　101
複数形（名詞の）　17
不純な子音　20
不定冠詞　19
不定詞　29
部分冠詞　37
フランコ・プロヴァンス語　14
フランス語　13,127
フリウリ語　14
ふるえ音　8
閉音節　3
閉鎖音　8
平叙文　12

venire(受動構文)　141
母音　1
母音(アクセントのある)　3
法(動詞の)　29
方法，手段，材料などの表現　89
ポルトガル語　13

マ

摩擦音　8
南イタリアの地域語　23
miliardo「十億」　81
milione「百万」　81
名詞　16, 17, 19
名詞句　19, 24, 31
名詞・形容詞の複数形
　　―注意すべき調整　45
命令形　94
-mente に終わる副詞　112

ヤ

優等比較級　99
様態動詞　53
曜日(の表現)　58

ラ

ラ・スペッツィア＝リミニ線　14
ラディン語　14
ラテン語　13
リズム　11
略語　129
流音　8
両唇音　8
ルーマニア語　13
劣等比較級　99
lo の中性代名詞的用法　67
ロマニー(ジプシー)語　15
ロマンス語　13, 144

主要参考文献

Barbieri Giovanna, 1971, *Le strutture della nostra lingua*, Firenze, La Nuova Italia.
Canepari Luciano, 1992, *Manuale di pronuncia italiana*, Bologna, Zanichelli.
Dardano Maurizio—Trifone Pietro, 1985, *La lingua italiana*, Bologna, Zanichelli.
De Mauro Tullio, 2000, *Il dizionario della lingua italiana*, Milano, Paravia.
Devoto Giacomo—Massaro Domenico, 1962, *Grammatica italiana*, Edizioni Milella.
Hall Robert A. Jr., 1971, *La struttura dell'italiano*, Roma, Armando.
Lepschy Laura—Lepschy Giulio, 1977, *La lingua italiana*, Milano, Bompiani.
Migliorini Bruno, 1961, *Grammatica italiana*, Firenze, Le Monnier.
文部省, 1997, 学術用語集 言語学編, 東京, 日本学術振興会.
Renzi Lorenzo (a.c.di), 1988-1995, *Grande grammatica italiana di consultazione* I-III, Bologna, il Mulino.
Salvi Giampaolo—Vanelli Laura, 1992, *Grammatica essenziale di riferimento della lingua italiana*, Firenze, Le Monnier.
Sabatini Francesco, 1980, *Lingua e linguaggi*, Torino, Loescher.
Sensini Marcello, 1997, *La grammatica della lingua italiana*, Milano, Mondadori.
Serianni Luca, 1988, *Grammatica italiana*, Torino, UTET.
Sugeta Shigeaki, 1972, 現代イタリア語入門, 東京, 大学書林.
Tagliavini Carlo, 1965, *La corretta pronuncia italiana*, Bologna, Capitol.

[著者紹介]

菅田茂昭 ［すげた・しげあき］ 早稲田大学名誉教授
（言語学，ロマンス語学，イタリア語）

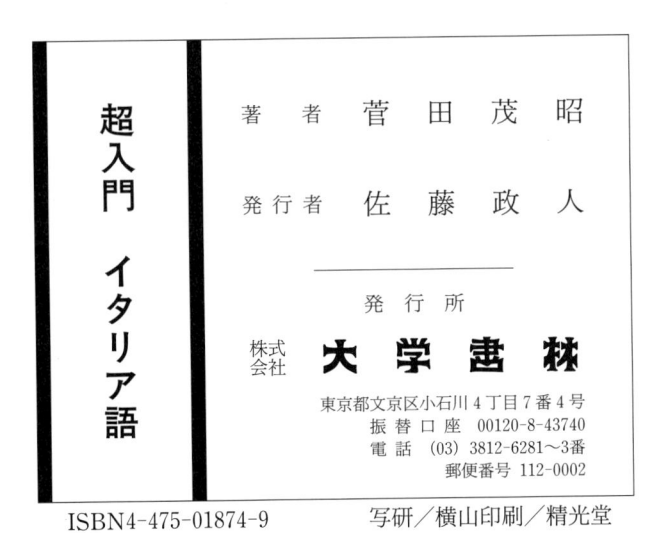

目録進呈　落丁本・乱丁本はお取替えいたします。

平成 18 年 10 月 30 日　Ⓒ 第 1 版　発行

超入門　イタリア語	著　者　菅　田　茂　昭 発 行 者　佐　藤　政　人 発　行　所 株式会社　大学書林 東京都文京区小石川 4 丁目 7 番 4 号 振 替 口 座　00120-8-43740 電　話　(03) 3812-6281〜3 番 郵便番号　112-0002

ISBN4-475-01874-9　　　写研／横山印刷／精光堂

大学書林
語学参考書

著者	書名	判型	頁数
菅田茂昭 著	現代イタリア語入門	B6判	260頁
野上素一 著	イタリア語四週間	B6判	420頁
小林惺 著	イタリア文解読法	A5判	640頁
奥野拓哉・鈴木信吾 著	書くイタリア語	A5判	272頁
下位英一・坂本鉄男 編	イタリア語小辞典	ポケット判	490頁
下位英一 編	和伊辞典	新書判	1200頁
菅田茂昭 編	イタリア語基礎1500語	新書判	120頁
柏熊達生 編	イタリア語常用6000語	B小型	320頁
小林勝 著	イタリア語分類単語集	新書判	356頁
下位英一 編	日伊会話練習帳	新書判	140頁
下位英一 著	英語対照イタリア語会話	B6判	168頁
菅田茂昭・L.イヤロッチ 著	海外旅行ポケットイタリア語会話	A6変型	188頁
アミーチス 作／赤沢寛 訳注	クオレ	新書判	120頁
ボッカチォ 作／高橋久 訳注	デカメロン（I）	新書判	112頁
ピランデッロ 作／小林勝 訳注	エンリーコ四世	B6判	360頁
ヴァザーリ 作／亀崎勝 訳注	美術家列伝I ジオット／ブルネッレスキ	新書判	152頁
ヴァザーリ 作／亀崎勝 訳注	美術家列伝II ドナテッロ／レオナルド・ダ・ヴィンチ	新書判	136頁
宮本博司 著	超入門スペイン語	A5判	168頁
左藤正範 著	超入門インドネシア語	A5判	200頁

― 目録進呈 ―

大学書林
語学参考書

著者	書名	判型	頁数
島岡　茂 著	ロマンス語の話	B6判	176頁
島岡　茂 著	ロマンス語比較文法	B6判	208頁
伊藤太吾 著	ロマンス語基本語彙集	B6判	344頁
伊藤太吾 著	ロマンス語比較会話	A5判	264頁
伊藤太吾 著	ロマンス語ことわざ辞典	A5判	464頁
伊藤太吾 著	スペイン語からルーマニア語へ	B6判	228頁
伊藤太吾 著	フランス語からスペイン語へ	B6判	224頁
伊藤太吾 著	イタリア語からスペイン語へ	B6判	298頁
伊藤太吾 著	スペイン語からカタルーニア語へ	B6判	224頁
伊藤太吾 著	ラテン語からスペイン語へ	B6判	260頁
伊藤太吾 著	スペイン語からガリシア語へ	B6判	296頁
富野幹雄 著	スペイン語からポルトガル語へ	B6判	224頁
富野幹雄 著	ポルトガル語からガリシア語へ	B6判	248頁
伊藤太吾 著	やさしいルーマニア語	B6判	180頁
直野　敦 著	ルーマニヤ語文法入門	B6判	112頁
菅田茂昭 著	サルジニア語基礎語彙集	B6判	192頁
島岡　茂 著	フランス語統辞論	A5判	912頁
島岡　茂 著	古フランス語文法	B6判	240頁
島岡　茂 著	古プロヴァンス語文法	B6判	168頁
佐佐木茂美 訳注	薔薇の物語	B6判	152頁

― 目録進呈 ―

大学書林
語学参考書

著者	書名	判型	頁数
工藤　進 著	南仏と南仏語の話	B6判	168頁
多田和子 編	現代オック語文法	A5判	296頁
瀬戸直彦 著	トルバドゥール詞華集	A5判	376頁
多田和子 著	オック語会話練習帳	新書判	168頁
工藤　進 著	ガスコーニュ語への旅	B6判	210頁
田澤　耕 著	カタルーニャ語文法入門	A5判	250頁
大高順雄 著	カタロニア語の文法	A5判	648頁
小林　標 著	独習者のための 楽しく学ぶラテン語	A5判	306頁
小林　標 編著	ラテン語文選	B6判	224頁
有川貫太郎他 編訳	現代ラテン語会話	B6判	256頁
中岡省治 著	中世スペイン語入門	A5判	232頁
出口厚実 著	スペイン語学入門	A5判	200頁
寺崎英樹 著	スペイン語文法の構造	A5判	256頁
三好準之助 著	概説 アメリカ・スペイン語	A5判	232頁
浅香武和 著	現代ガリシア語文法	B6判	220頁
池上岑夫 著	ポルトガル語文法の諸相	B6判	246頁
池上岑夫 著	ポルトガル語とガリシア語	A5判	216頁
池上岑夫 著	SE考―ポルトガル語のSEの正体を探る―	B6判	168頁
セネカ 作 山敷繁次郎 訳注	幸福な生活について	新書判	116頁
タキトゥス 作 田中秀央 國原吉之助 訳注	ゲルマーニア	新書判	152頁
マールティアーリス 作 藤井　昇 訳注	マールティアーリス詩選	新書判	72頁

―目録進呈―

大学書林
語学参考書

著者	書名	判型	頁数
小泉　保 著	言語学とコミュニケーション	A5判	228頁
小泉　保 著	改訂 音声学入門	A5判	256頁
下宮忠雄 編著	世界の言語と国のハンドブック	新書判	280頁
大城光政 著 吉田和彦	印欧アナトリア諸語概説	A5判	392頁
千種眞一 著	古典アルメニア語文法	A5判	408頁
小沢重男 著	蒙古語文語文法講義	A5判	336頁
津曲敏郎 著	満洲語入門20講	B6判	176頁
小泉　保 著	ウラル語統語論	A5判	376頁
池田哲郎 著	アルタイ語のはなし	A5判	256頁
黒柳恒男 著	ペルシア語の話	B6判	192頁
黒柳恒男 著	アラビア語・ペルシア語・ウルドゥー語対照文法	A5判	336頁
大野　徹 編	東南アジア大陸の言語	A5判	320頁
森田貞雄 三川基好 著 小島謙一	古英語文法	A5判	260頁
島岡　茂 著	英仏比較文法	B6判	264頁
島岡　茂 著	仏独比較文法	B6判	328頁
勝田　茂 著	オスマン語文法読本	A5判	280頁
縄田鉄男 著	クルド語入門	A5判	208頁
切替英雄 編著	アイヌ神謡集辞典	A5判	512頁
塩谷　亨 著	ハワイ語文法の基礎	A5判	190頁
中島　久 著	スワヒリ語文法	A5判	368頁

― 目録進呈 ―

大学書林
語学辞典

著者	書名	判型	頁数
國原吉之助 著	古典ラテン語辞典	A5判	944頁
古川晴風 編著	ギリシャ語辞典	A5判	1330頁
黒柳恒男 著	新ペルシア語大辞典	A5判	2020頁
黒柳恒男 著	現代ペルシア語辞典	A5判	848頁
尾崎 義・他著	スウェーデン語辞典	A5判	640頁
古城健志／松下正三 編著	デンマーク語辞典	A5判	1014頁
松山 納 著	タイ語辞典	A5判	1306頁
松永緑彌 著	ブルガリア語辞典	A5判	746頁
直野 敦 著	ルーマニア語辞典	A5判	544頁
大野 徹 著	ビルマ(ミャンマー)語辞典	A5判	936頁
小沢重男 編著	現代モンゴル語辞典(改訂増補版)	A5判	974頁
竹内和夫 著	トルコ語辞典(改訂増補版)	A5判	832頁
荻島 崇 著	フィンランド語辞典	A5判	936頁
今岡十一郎 編著	ハンガリー語辞典	A5判	1152頁
千種眞一 編著	ゴート語辞典	A5判	780頁
古城健志／松下正三 編著	ノルウェー語辞典	A5判	846頁
田澤 耕 編著	カタルーニャ語辞典	A5判	1080頁
三谷惠子 著	ソルブ語辞典	A5判	868頁
前田真利子／醍醐文子 編著	アイルランド・ゲール語辞典	A5判	784頁
兒玉仁士 編	フリジア語辞典	A5判	1136頁

― 目録進呈 ―